„Man sieht nur mit dem
Herzen gut, das Wesentliche
ist für das Auge unsichtbar"

(Camus)

Rudolph Moshammer

Mama und ich

Rudolph Moshammer

Mit 124 Abbildungen

Universitas

Bildnachweis

Archiv des Autors: 1–19, 26, 28, 31, 34–36, 42, 44, 45, 51, 52, 54, 57, 58, 60, 71, 75, 76, 81–87, 89–96, 106, 109–115; Axel Arens: 30; Lorenz Baader, München: 69; Waldemar Banasik, München: 66; Stipe Buconjic, München: 21, 32; Willy Dobos, München; 40; Frank Forster: 33; Rainer Grundmann, Unterschleißheim: 49; Bruno Hausch (aus: Spaghettissimo, Hädecke Verlag): 72; Eleana Hegerich, München: 38, 53, 56, 59, 63–65, 67, 68, 79, 88, 97–102, 104, 107, 108, 116–124; Franz Hug/Munichpress: 55, 61; Interfoto, München: 22, 23; Wolfgang Kirkam, München: 37; Ernst A. Kröger, München: 25, 27, 39; Friedrich Lutz: 74; Erna Neumann, München: 50, 73; Fritz Neuwirth: 43; Horst Prange: 29; Eva Rokos, Grünwald: 48, 70, 77, 78; R. J. Sabrou: 46; Jochen Spoerl, München: 41; Alfred Strobel, München: 47; Foto-Paulette, München: 20, 24; Heinz Weißfuß, München: 103, 105; Thomas Zwink, Kempten: 62, 80

Der Verlag konnte in einzelnen Fällen die Inhaber der Rechte an den reproduzierten Fotos nicht ausfindig machen. Er bittet, ihm bestehende Ansprüche mitzuteilen.

1. Auflage August 1995
2. Auflage Oktober 1995
3. Auflage Januar 1997
4. Auflage November 1998
5. ergänzte Gedenkausgabe Februar 2005
© 1995 by Universitas Verlag in der
F. A. Herbig Verlagsbuchhandlung GmbH, München
Alle Rechte vorbehalten
Umschlaggestaltung: Bernd und Christel Kaselow, München
Umschlagvorderseite: Daniel Mayer/MÄNNER-VOGUE
Umschlagrückseite: Westermann, dpa
Satz: Filmsatz Schröter, München
Gesetzt aus: 11/14.5 Souvenir auf Apple McIntosh
Druck und Binden: GGP Media GmbH, Pößneck
Printed in Germany
ISBN 3-8004-1324-8

Man sieht nur mit dem Herzen gut,
das Wesentliche ist für die Augen
unsichtbar

Antoine de Saint-Exupéry

Inhalt

Vorwort

Dieses Buch soll ein Rückblick sein auf das gemeinsame Leben von Mama und mir. Ein Leben, so glaube ich, das in einer Zeit des Umbruchs und verbreiteter Arbeitslosigkeit an Aktualität gewonnen hat.

Auf einmal wird unsere einst durchgemachte und überstandene Notzeit zum Beispiel für eine heutzutage wieder vermehrt auftretende deprimierende Lebenssituation, welche die betroffenen Menschen oft lähmt und sogar zum völligen Verlust ihres Selbstwertgefühls führen kann.

Nun, daß dem nicht so sein muß, daß sich bei aller Verzweiflung für jeden ein Ausweg finden läßt, solange man sich nicht aufgibt und vor allem, solange es einen Menschen im Leben gibt, der einem trotz des Abstiegs in die Armut zur Seite steht, zeigt dieses Buch.

Das Auf und Ab in unserem Leben hat uns gelehrt, daß Wohlstand keine Selbstverständlichkeit ist. Wer zu den Glücklichen dieser Welt gehört, in Wohlstand ein sorgenfreies Leben führen zu dürfen, sollte Gott täglich dafür danken. Doch leider allzuoft sind sich derart Begünstigte ihres Glücks nicht bewußt; wie heilsam wäre da eine erlebte Durst-strecke!

Mama und ich haben trotz des Erfolgs und des angenehmen Lebens, das wir dank harter Artbeit genießen durften, unsere Notzeit doch nie vergessen. Täglich hatten wir – und habe ich noch – die Bilder unserer Armut vor Augen. Dies hat uns auch davor bewahrt, die Realität aus dem Blick zu verlieren.

Mama war da oft noch konsequenter als ich, sie verzichtete eher auf geplante Anschaffungen und Ausgaben, manchmal zu meinem Bedauern. Aber die Angst, noch einmal vor dem Nichts zu stehen, war tief in ihr verwurzelt. Heute bin ich Mama für ihr Augenmaß und ihre Voraussicht sehr dankbar.

Wer in diesem Buch nun Patentrezepte finden will, sucht zwar vergeblich, doch hält das Erzählte genügend Aufmunterndes und Tröstendes bereit, um jedem, der ein Tief erlebt, zu ermöglichen, sich unsere Erfahrungen zunutze zu machen. Wir sind uns gar nicht bewußt, wozu der menschliche Geist oft fähig ist. Doch genau der ist das Zentrum unserer inneren Kraft und Stärke. Wer das erkannt hat und umsetzt, der findet sich in allen Situationen des Lebens zurecht.

»Liebe Mama ...«

Ich hatte die beste Mama der Welt!
Geliebte Mama, dieser Ausspruch beschreibt nur annähernd die tiefe Zuneigung, die mich über Deinen Tod hinaus mit Dir verbindet.

Du warst stets ein Mensch der leisen Töne. Deine Größe bestand nicht darin, im Vordergrund zu stehen und das Ruder in der Hand zu halten. Dein ganzes Leben lang brauchtest Du einen Menschen, an den Du Dich anlehnen konntest, angefangen bei Deinem Vater, später bei Deinem Ehemann und schließlich bei mir.

Hattest Du aber eben diesen Menschen gefunden, so entwickeltest Du aus Deiner Liebe und Fürsorge heraus eine ungeheure Kraft und seelische Präsenz, welche den Mangel an physischer Stärke um ein Vielfaches ausglich. Du hattest den Ausspruch von Antoine de Saint-Exupéry »Man sieht nur mit dem Herzen gut, das Wesentliche ist für die Augen unsichtbar« zu Deiner Lebensphilosophie gemacht.

Mama, Du gingst mit offenen Augen durch das Leben und besaßt die Gabe, selbst für die kleinsten und auf den ersten

Blick unscheinbarsten Dinge empfänglich zu sein – Du er-
freutest Dich an dem sprichwörtlichen Veilchen am Weges-
rand. Aber Du wolltest diese Freude nie für Dich allein
behalten, nein, Du teiltest Dich mit, um andere an ihr teilhaben zu lassen.

Umgekehrt warst Du eine neidlose Bewunderin meines
Schaffens. Du freutest Dich, wenn mir ein guter Wurf gelang
und warst mit Deinem ungetrübten positiven Denken unent-
wegt an meiner Seite, vor allem in den ersten Tagen unseres
Geschäfts, wenn der Mut oft zu sinken drohte.

In manchen Dingen warst Du gar von beinahe preußischen
Begriffen geprägt. So ist es Dir nie in den Sinn gekommen,
mir von Unpäßlichkeiten oder später von den Schmerzen,
welche Dir das Rheuma oft bereitete, zu erzählen – Du wolltest mich damit nicht belasten! Nur Deinem Diener oder dem
Personal im Geschäft öffnetest Du manchmal Dein Herz, jedoch immer mit dem Nachsatz: »Erzählen Sie bloß meinem
Sohn nichts davon!«

Anläßlich Deines Todes schrieb Maria Josepha Prinzessin
von Sachsen über Dich: »Sie war eine Persönlichkeit, lie-
benswert und konsequent in allen Situationen des Lebens.
Die Erinnerungen ergeben viele bunte Bilder in einer Welt,
die oft grau und trostlos erscheint. Sie ging hindurch und
strahlte. Ihr Geheimnis und Vermächtnis.«

Meine Kinderzeit

In Dankbarkeit erinnere ich mich an meine so behütete und schöne Kindheit, die ich trotz der Kriegsjahre erleben durfte, und an das ganz große Glück, die liebevollsten Eltern der Welt gehabt zu haben. Ein Glück, das man sich wünschen, jedoch nicht aussuchen kann.

Geboren bin ich in München, aufgewachsen in der Widenmayerstraße 29. Mein Vater war als Direktor der Württembergischen Feuerversicherung seinem eigenen Vater nachgefolgt, der ebenfalls fünfundzwanzig Jahre diese Position innehatte.

Mama war bei ihren liebevollen Eltern Hans-Albert und Fanny Bracher aufgewachsen, die in der Schwanthalerstraße/Ecke Paul-Heyse-Straße ein elegantes Zigarren- und Spirituosengeschäft führten. Von ihnen berichtete sie öfter, es habe nie ein böses Wort oder gar Streit gegeben. – Dies hielt sie mir später auch gerne vor, wenn ich in meiner Nervosität und Unbeherrschtheit einmal lospolterte und laut wurde.

So verlebte also auch Mama zusammen mit ihrer Schwester

Emmi ihre Jugend wohlbehütet in harmonischer Atmosphäre und wurde von jungen Jahren an auch in das elterliche Geschäft mit einbezogen.

Doch zurück zu mir. Die ersten Jahre der Ehe meiner Eltern und meine Geburt waren geprägt von den Kriegsjahren und den damit verbundenen Nöten. Zusammen mit meiner Mutter sowie Tante Emmi und Oma Fanny wurde ich nach Pulling bei Freising evakuiert, wo wir auf dem Lande, einquartiert bei Bauern, mit denen uns bald eine große Freundschaft verband, das Kriegsende abwarteten. So waren wir trotz der mißlichen Umstände doch glücklich, die Familie in Gemeinschaft zu wissen und eine Unterkunft bei liebgewonnenen Menschen zu haben.

Meine Oma Fanny und Tante Emmi hatten, nachdem das Geschäft am letzten Kriegstag von Bomben zerstört worden war, unter dem Einsatz ihres Lebens noch so viel an Hab und Gut aus den Trümmern ihres Geschäfts retten können, daß sie sich aus dem Erlös der damals üblichen Tauschgeschäfte ein Haus in Pulling bauen konnten. Die Ersparnisse gingen jedoch durch die Währungsreform verloren.

Den schwersten Schicksalsschlag in dieser Zeit hatte wohl Mamas Tante Luise zu ertragen. Eines Tages, als alle während eines Bombenalarms in den Kellern saßen, rannte Luises Tochter nochmal zurück in das elterliche Haus, um den vergessenen Schmuck zu retten. In diesem Augenblick fielen die ersten Bomben, und Tante Luise mußte ohnmäch-

tig mitansehen, wie ihre Tochter unter den Trümmern des
einstürzenden Hauses begraben wurde.

Tante Luise hat sich von diesem Verlust nie mehr richtig
erholt. In einem Wahn trug sie später ständig ihren gesamten Schmuck in Zeitungspapier gewickelt in ihrer Handtasche mit sich herum. Einmal, sie hatte wohl vergessen, was
sich in dem Papier befand, benutzte sie dieses nach einer Auf-
räumaktion in ihrer Handtasche zum Anheizen des Kamins.
Ihr Schmuck ging dabei vollständig verloren, wurde er doch
zusammen mit der Asche in die Abfalltonne geworfen.

Als Tante Luise mit Entsetzen, aber zu spät, das Mißgeschick
bemerkte und es später ihrem Mann beichtete, meinte dieser tröstend: »Ach, was ist das schon gegen den unwieder-
bringlichen Verlust unserer Tochter!«

Nachdem 1941 Albert Bracher gestorben und auch Mamas
geliebter Schwager Carl Stockmann, der Mann von Tante
Emmi, in Rußland gefallen war, waren wir – außer bei den
Besuchen meines Vaters, der sich im Krieg befand – eine Gemeinschaft, die vorwiegend aus Frauen bestand. Die stärkste
Persönlichkeit in dieser Gruppe war meine liebe Oma Fanny,
von deren Kraft und Lebensmut wir alle zehrten.

Meines Erachtens geschah es ganz selten, daß ein Mensch,
der während der Wirren des Krieges ein Geschäft und eine
Familie zusammenhalten mußte, durch die Jahre der Entbehrungen und des Einsatzes aller physischen und psychi-
schen Kräfte nicht abstumpfte, sondern seine Liebe unein-

geschränkt an seine Nächsten weiterzugeben in der Lage war, doch ihr gelang es.

Heute weiß ich außerdem, und das hat sich schon damals gezeigt, daß es meist fremde Menschen sind, die einem in Notlagen helfen. Der Vater war im Krieg, und Mama und ich waren auf die Gunst von Bauern angewiesen, denen wir bei der Feldarbeit halfen. Zwischen uns und diesen Bauern, der Familie Herrmannsdorfer, entwickelte sich schnell eine große Freundschaft.

Unsere Zimmer lagen direkt über der Küche der Herrmanns-dorfers, was die Kommunikation doch ziemlich erleichterte. Unsere Gastgeber hatten ein feines Gespür für den oftmals wackligen Seelenzustand meiner Mutter. Wenn sie mitbekamen, daß sie die Kraft verließ und ihr die Decke auf den Kopf zu fallen drohte, dann nahmen sie einen Stuhl und klopften mit dem Stuhlbein an die Küchendecke, als Zeichen für uns, doch zu ihnen herunter in die Küche zu kommen. Dabei hatten die Herrmannsdorfers wirklich genug damit zu tun, das Essen für ihre Kinder Christerl, Maria und Franz sowie für die Mägde und Knechte auf den Tisch zu bringen. Im Laufe der Zeit war dann die Küchendecke übersät mit unzähligen Stuhlbeinabdrücken.

Zu meinem dritten Geburtstag konnte mein Vater uns in Pulling besuchen. Es war eine Zeit, in der es absolut nichts zu verschenken gab und so »schenkten« mir meine Eltern – d. h. sie taten nur so – nach Absprache mit Herrn Hermannsdorfer ein Fohlen, das ebenfalls Rudi getauft wurde. Welche Freude war es doch für mich, ein Pferd mit dem eigenen Namen zu besitzen!

Jeden Tag mußte Mama mit mir zur Koppel gehen, um mein Fohlen zu füttern. Doch die Freude währte nicht lange. Als wir wieder einmal bei Rudi an der Koppel standen, tauchten wie aus dem Nichts Tiefflieger auf, und um uns herum hagelte es Maschinengewehrkugeln. Wie durch ein Wunder blieben Mama und ich unverletzt, doch mein kleines, geliebtes Fohlen hatte diesen Angriff nicht überlebt.

Nach Kriegsende blieben meine Oma Fanny und Tante Emmi in Pulling und lebten dort noch fünfzehn Jahre lang. Meine Mama zog mit mir zurück nach München in die Widenmayerstraße. Dort standen wir allerdings zunächst in einer leeren Wohnung, denn die Amerikaner hatten unsere schönen antiken Möbel abgeholt, um die Unterkunft eines Generals damit einzurichten.

Durch einen Zufall erfuhr nun Mama, daß sich diese Unterkunft nur ein paar Häuser weiter befand. Kurz entschlossen ging sie mit Vater zu diesem General und klagte ihm ihr Leid. Und tatsächlich brachte Mama es fertig, sämtliche Möbel noch am selben Tage wieder in unseren Besitz zu bringen.

So konnten wir uns bereits kurz nach Kriegsende, gemeinsam mit der Mutter meines Vaters, Regine Moshammer, wieder mit einem luxuriösen Ambiente sowie zwei Hausmädchen umgeben, die uns mit weißen Häubchen emsig umsorgten und mich als Kind zu Schelmereien und Unfug verleiteten. Gut kann ich mich an eines der Mädchen, Ellis, erinnern. Ellis war vom Land, mit einer erfrischend herzhaften Seele, und lief meist barfuß auf den weichen Teppichen in unseren Salons herum. Meiner Großmutter – sie war der General des Hauses – wurde dies eines Tages zuviel, und sie tadelte Ellis mit dunkler und kräftiger Stimme: »Ellis, Sie können doch nicht andauernd barfuß in unserer Wohnung umhergehen!« Worauf Ellis ganz naiv erwiderte: »Aber gnädige Frau, hier kann ich mir doch ganz bestimmt keinen Splitter einziehen!« – Später heiratete Ellis einen Freund unseres Hauses und hatte damit eine vermögende Partie gemacht.

Auf Churchills Spuren

Ich war ein sehr schwieriger Schüler. Schwierig, weil ich einfach nicht lernen wollte. Ich fand es unglaublich unproduktiv, einfach nur dazusitzen, zu büffeln und zu pauken. Die praktischen Dinge des Lebens haben mich immer viel mehr begeistert, Tapetenkleben und elektrische Leitungen verlegen konnte ich schon als Kind.

Phantasie und Ideen hatte ich im Übermaß, vor allem solche, die nicht unbedingt im Sinne meiner Lehrer waren. Meine Schulkameraden jedoch waren immer ganz fasziniert von meinen Einfällen, was mich natürlich um so mehr anspornte, meinem Ruf auch gerecht zu werden.

Ich ging damals zur Sabelschule am Lenbachplatz. Unser Klassenzimmer lag im obersten Stockwerk und war umgeben von einer riesigen Terrasse, die man von den Klassenzimmern aus betreten konnte. Ich erinnere mich an einen warmen, frühsommerlichen Junitag, an dem eine Klassenarbeit bevorstand. Unvorbereitet, wie ich wieder mal war, befürchtete ich ein Desaster.

Da kam mir der rettende Gedanke, und ich teilte meinen Mitschülern mit, daß des schönen Wetters wegen heute der Unterricht draußen stattfände – Anordnung der Schulleitung! Es sollten zu diesem Zweck die Schulbänke und Stühle auf die Terrasse gestellt werden. Meine Kameraden machten sich freudig und in Windeseile an den Umzug. Es ging alles ganz schnell, und als unser Lehrer zu Stundenbeginn eintrat, fand er zu seinem Erstaunen ein leeres Klassenzimmer vor.

Anstatt aber die Klassenarbeit im Freien schreiben zu lassen, was ja möglich gewesen wäre, bestand unser Lehrer erwartungsgemäß darauf, daß wir das ganze Mobiliar wieder ins Klassenzimmer zurückräumten. Diesmal stellten wir uns verständlicherweise nicht so geschickt an, plötzlich verklemmten sich die Tische in den Türen, Stühle waren ineinander verkeilt, kurz, wir benötigten beinahe die gesamte Stunde, um den ursprünglichen Zustand wieder herzustellen. An eine Prüfung war da natürlich nicht mehr zu denken.

Meine Eltern hatten sich an die regelmäßigen Beschwerden der Schulleitung allmählich gewöhnt. Vor den Elternsprechstunden und den zu erwartenden Vorhaltungen seitens der Lehrerschaft drückten sie sich allerdings wohlweislich. Mein Vater unterstützte mich sogar in meinen Bemühungen, meinen eigenen Bildungsweg zu finden. Wenn meine Eltern bei schönem Wetter beschlossen hatten, eine Landpartie zu unternehmen, so sagte mein Vater zu mir: »Ach, komm doch einfach mit, die frische Luft tut dir allemal besser als diese Stubenhockerei.«

Das brauchte er mir nicht zweimal zu sagen, und mit dem Gedanken, daß Winston Churchill schließlich auch ein miserabler Schüler gewesen war, es bekanntlich aber trotzdem zu einem großen Namen gebracht hatte, rechtfertigte ich mein Schulschwänzen. Nur wenn ich Vater dann um ein Entschuldigungsschreiben wegen meines Fernbleibens bat, sagte er: »Also das mußt du dir schon selber schreiben, mir sind diese dauernden Briefe wirklich zu dumm!«

Nun, das war eigentlich auch kein Problem, Vaters Unterschrift konnte ich längst nachmachen – er wußte und erlaubte es –, somit war auch für die Entschuldigungsschreiben eine Lösung gefunden.

Heute beweist mir mein Erfolg, daß meine Einstellung zur Schule nicht die schlechteste gewesen sein kann. Obwohl ich im Rechnen nur Sechsen schrieb, habe ich es später doch ganz gut gelernt. Wenn man ins kalte Wasser geschmissen wird, dann zeigt sich schließlich, wer schwimmen kann. Ich konnte es anscheinend.

Daß ich im praktischen Leben durchaus zu rechnen verstand, zeigt auch die folgende Episode: Schon als Jugendlicher unternahm ich Streifzüge auf Flohmärkten und hielt mit meinem Spürsinn für schöne und wertvolle Dinge Ausschau nach Schnäppchen. Damals war man auf Antiquitäten noch nicht so versessen, und deshalb konnte man unter dem vielen Ramsch da und dort die schönsten Stücke entdecken, von deren Wert oft nicht einmal der Händler etwas ahnte.

So stieß ich einmal auf der Auer Dult auf ein paar wunderschöne barocke Kerzenleuchter aus dem 18. Jahrhundert. Scheinbar wußte der Standbesitzer nicht, was für eine Kostbarkeit er da stehen hatte, denn der Preis, obwohl ich nicht einmal diesen hätte bezahlen können, war viel zu niedrig. So rief ich kurzerhand einen Freund an, von dem ich wußte, daß er mir das Geld leihen würde. Ich überzeugte ihn zusätzlich mit den Worten: »In einer Viertelstunde hast du dein Geld wieder.«

Dann ging ich zu dem Händler zurück und bat ihn, mir die Leuchter kurz mitzugeben, da ich sie erst meiner Mama, die im Auto wartete, zeigen wollte. Der Händler willigte ein, ich aber trug die Leuchter ein paar Stände weiter, wo ich sie tatsächlich mit ordentlichem Gewinn verkaufen konnte. So machte ich in Kürze ein gutes Geschäft, und mein Freund bekam wie versprochen sein Geld zurück.

Die Zeiten der Not

Als mein Großvater, Hans Moshammer, verstarb, trat mein Vater Richard dessen Nachfolge als Direktor der Württembergischen Feuerversicherung an. Nun hatte dies aber eine unglaubliche Eifersucht meiner Oma Regina gegenüber meiner Mutter zur Folge, was ich natürlich auch zu spüren bekam. Offenbar konnte sie es nicht ertragen, ihren eigenen Sohn anstelle ihres Mannes in dieser wichtigen Position zu sehen, war mit diesem Generationenwechsel für sie ja auch ein gewisser gesellschaftlicher Abstieg verbunden.

Meine Oma imponierte mir damals zwar sehr, weil sie so viel Stärke und Vitalität bewies, aber es fehlten ihr doch Güte und Wärme, und so blieb es im Umgang mit ihr meist bei kalter Freundlichkeit. In ihrer überlegenen Art versuchte Oma immer meine Mama, die ja eher anlehnungsbedürftig war, an die Wand zu drücken und sie ihre Dominanz spüren zu lassen. Kaufte sich Mama aus den wenigen Mitteln der Nachkriegszeit etwa Blumenstöcke, um unser Heim etwas wohnlicher zu gestalten, so wechselte Oma diese Stöcke heimlich gegen ihre alten aus, mit dem Argument, daß bei ihr die Pflanzen ohnehin besser gediehen. Da Mama keinen Streit wollte, schwieg sie dazu. Bis zu Omas Tod hat sich an dieser Situation nichts geändert.

Schlimmer noch waren aber der Haß und die Eifersucht auf ihren eigenen Sohn. Durch unermüdliche Intrigen und Verleumdungen bei den Vorständen in Vaters Firma erreichte sie es dann tatsächlich, daß mein Vater diesen Zustand seelisch nicht mehr ertragen konnte und nach fünfundzwanzig Jahren seinen Posten aufgab.

Für die Familie bedeutete dies den Auszug aus der Widenmayerstraße 29, denn dieses Haus war eine Immobilie der Württembergischen Feuerversicherung, und die Wohnung stand uns nur für die Zeit der Anstellung meines Vaters zur Verfügung. So zogen wir also um in eine neue Wohnung in der Leopoldstraße 20, Ecke Ohmstraße.

Doch meinem Vater bot sich schon bald eine neue verlockende Aufgabe. Die damals viertgrößte Versicherungsgesellschaft der Welt, die Insurance Company of North America mit Sitz in Philadelphia, bot ihm die Stelle des europäischen Generaldirektors mit Hauptsitz in München an. So kam Vater zu einem großzügigen, modernen Office im ersten Stock des Röcklhauses in der Theatinerstraße, wo er fortan seinen Geschäften nachging.

Wie so oft ist aller Anfang schwer, und so standen auch hier noch einige Lizenzen für diverse Versicherungssparten aus, was die Geschäfte natürlich erschwerte. So wurde mein Papa immer mutiger und schloß ohne Rückversicherung große Verträge ab, da er ja schließlich auch das vorgegebene Soll zu erfüllen hatte.

Wie nun das Schicksal so spielt, wurde die Versicherung in nur einem Jahr von zwei so gigantischen Schadensfällen getroffen, daß die Niederlassung in Europa von den USA aus einfach aufgelöst wurde.

Von da an lebte unsere Familie von ihren Reserven. Dieser Moment der Veränderung war der Auslöser für die in den folgenden Jahren ausgestandenen und auf den folgenden Seiten beschriebenen Notzeiten.

Sämtliche Versuche meines Vaters, als Direktor in einer anderen Versicherungsgesellschaft Fuß zu fassen, schlugen fehl. Natürlich spielten dabei die Mißgunst und der Neid der einstigen Kollegen aus deutschen Firmen eine wesentliche Rolle, da Papa ja ein amerikanisches Unternehmen vertreten hatte und somit eine starke Konkurrenz für sie gewesen war. Neid auch deshalb, weil Papa in US-Dollar bezahlt wurde, das machte damals ja das Vierfache in DM aus. Die so entstandene Mißgunst ließ es nicht zu, Papa nochmals wirtschaftlich Fuß fassen zu lassen.

Er verschwieg uns vieles, um uns nicht zu beunruhigen. Da sein Denken stets positiv war, hoffte er immer, daß die nächste Bewerbung für eine Stelle schon klappen würde. Oft gab er vor, zur Arbeit zu gehen, verließ morgens das Haus, kehrte abends nach Hause zurück und erzählte von seinen »Geschäften« – und ahnte doch nicht, daß Mama und ich die Wahrheit schon längst wußten.

Doch auf die Dauer konnte das natürlich nicht gutgehen, die Lage begann sich zuzuspitzen. Das Geld wurde immer weniger und damit auch das Essen, sogar für unseren schwarzen Zwergpudel Assi. Assi hatte ich von meinem spärlichen Gehalt, das ich als Lehrling in der Tuchgroßhandlung Ernst & Knecht erhielt, auf Abzahlung gekauft. Zwei Jahre lang mußte ich meinen geliebten Vierbeiner abstottern!

Mama versuchte oft, für unser Assilein von der »Hopfenperle« Futter zu erbetteln, was ihr auch nie verwehrt wurde. Irgendwann wurde jedoch das Geld derart knapp und unser Hunger so groß, daß Mama sich nicht mehr anders zu helfen wußte, als aus den Essensresten, die für Assi bestimmt waren, für uns alle »Fleischpflanzerl« zu braten, um uns einigermaßen satt zu bekommen. Allerdings erzählte sie uns nie davon und behielt dies bis in die letzten Jahre vor ihrem Tod für sich.

Aber die Zeiten wurden schlimmer, Strom und Gas waren gesperrt, und Tee oder Kaffee – sofern es welchen gab – wurden mit heißem Wasser aus der Leitung zubereitet. Wie schlimm die Situation geworden war, konnten auch unsere Gesichter nicht länger verbergen. Mamas Gesichtszüge waren am eingefallensten; sie war es auch, die oft auf ihr weniges Essen verzichtete. Mit dem Argument, sie hätte keinen Hunger, gab sie dann mir das meiste von ihrem Teller ab.

In dieser Zeit wurde sogar eine Büchse Ölsardinen zum Erlebnis. Vor allem, weil Mama es zum Beispiel verstand, trotz unserer prekären Lage die Sardinen auf einem Teller zu servieren, der mit Blumen aus dem Vorgarten geschmückt war. Aus guten Zeiten war ja noch genügend feine Garderobe vorhanden, und weil Mama um meine Liebe zu Eleganz und schönen Kleidern wußte, zog sie sich zu unserem »festlichen Diner« ein Abendkleid an und glänzte mit ihrer unfreiwilligen Schlankheit und den wunderschönen Haaren im Schein der Kerzen – der Strom war ja gesperrt.

All dies tat Mama nur für mich, um dieses Leben voller Entbehrungen für ihr einziges Kind irgendwie erträglich zu gestalten.

Aber zu allem Unglück mußten wir nun mitansehen, wie mein Vater mit dem Verlust seiner Position und der dadurch verursachten Not nicht mehr fertig wurde und nach und nach dem Alkohol verfiel. Das Schrecklichste war, daß dieser liebe, gute und fürsorgliche Ehemann und Vater in seiner Trunkenheit nicht mehr wußte, was er tat. So erlebte ich ihn, wie er des nachts wieder einmal bitterlich weinend und mit einer Pistole in der Hand an mein Bett kam. In seiner Verzweiflung sah er nur noch einen Ausweg – gemeinsam mit seiner Familie aus dem Leben zu scheiden! Meiner Mutter, die in dieser Zeit ohnehin nie ruhigen Schlaf fand, gelang es, das

Nötigste zusammenzuraffen und mit mir in derselben Nacht und bei Schneegestöber zu fliehen, um unser Leben zu retten. – Es war Heiliger Abend.

Immer, wenn wir Papa am folgenden Morgen auf seine Taten ansprachen, konnte er sich an nichts erinnern. Er erwiderte, daß das alles doch nicht möglich sein könne. Seine Verfassung verschlimmerte sich zusehends. Mit Hilfe von Ärzten versuchten wir, ihn zu Beruhigungsspritzen zu überreden, doch alle unsere Bemühungen blieben erfolglos – Papa gab sein Einverständnis nicht.

Als dann in den folgenden Wochen und Monaten auch noch der Gerichtsvollzieher bei uns ein- und ausging und unsere wertvollen antiken Möbel mit dem Kuckuck beklebte, fiel Mama, die mit ihrem Optimismus aus der Situation bis zuletzt das beste zu machen versuchte, in tiefe Verzweiflung. Ihr Arzt nahm mich zur Seite und eröffnete mir, daß Mama seelisch so gebrochen sei, daß sie, sollte sich dieses Leben nicht augenblicklich ändern, vermutlich nicht mehr lange zu leben hätte.

In diesen Tagen lernte ich einen gleichaltrigen Freund kennen, der drei Häuser weiter in der Leopoldstraße bei der Firma Horst Klöß arbeitete. Das Haus Horst Klöß war damals der eleganteste Haute-Couture-Salon Münchens. Michael, so hieß er, war ein tiefgründiger, ernstzunehmender Mensch, der mir mit seinem Fleiß und seiner Korrektheit stets enorm imponierte.

Anfangs bewunderte er zwar das romantische Kerzenlicht in unserer Wohnung, doch bald erkannte er die Notlage, die sich dahinter verbarg. Täglich brachte er uns daraufhin von seinem wenigen verdienten Geld Lebensmittel mit, um unseren Hunger etwas zu lindern.

Es waren stets fremde Menschen, die halfen. Freunde hatten sich zurückgezogen. Begegnete man ihnen auf der Straße, so wechselten sie schnell die Seite, um der peinlichen Frage nach unserem Wohlergehen zu entkommen und sich nicht zur Hilfe verpflichtet fühlen zu müssen.

Michael und der Arzt meiner Mutter bestärkten mich in meinem Vorhaben, mit Mama die Leopoldstraße zu verlassen und ohne meinen Vater einen neuen Lebensabschnitt zu beginnen. Vater war nun ein richtiger Alkoholiker geworden und brachte die Kraft, sein Leben wieder in den Griff zu bekommen, nicht mehr auf.

Ohne Mama davon in Kenntnis zu setzen – ich wollte sie auf keinen Fall beunruhigen – besorgte ich eine Wohnung in der Agnesstraße 17 und vereinbarte mit einer Transportfirma den Umzugstermin. Eines Tages um acht Uhr in der Früh standen die Möbelpacker vor unserem Haus und Mamas Mobiliar wurde anschließend zusammen mit den nötigsten Dingen verladen. Mama war derart überrascht, daß sie – Gott sei Dank! – keinen Einspruch erhob, und Vater bekam in seinem alkoholisierten Zustand gar nichts mit. Doch als dann alles eingepackt war und Mama und ich schon im Möbelwagen saßen, wachte Papa auf und lief den gesamten Weg von der Leopoldstraße bis zur Agnesstraße – immerhin ein Weg von mindestens einem Kilometer – im Schlafanzug hinter uns her, um uns zurückzuholen. Es war ein Bild des Jammers, doch es blieb uns keine andere Wahl, wir mußten versuchen, uns durch diese Trennung zu retten. Und nur so gab es die Hoffnung, vielleicht auch Papa noch helfen zu können.

Michael war auch in dieser Zeit an unserer Seite, beschützte uns und teilte die ersten Monate mit uns die neue Wohnung. So erlebte auch er die immer wiederkehrenden traurigen Szenen, in denen Papa uns mit der Absicht »besuchte«, wieder bei uns einzuziehen. Hätten wir ihm dies gestattet, so wären die Angst um unser Leben und die schlaflosen Nächte mit eingezogen, und alles hätte wieder von vorne begonnen.

Unsere Ablehnung machte Papa natürlich bösartig und aggressiv. Es war unglaublich, mitansehen zu müssen, wie dieser gute Mensch vom Alkohol zerfressen und ruiniert wurde, wie sich seine Persönlichkeit bis zur Unkenntlichkeit veränderte.

Trotzdem beruhigte sich die Situation im Laufe der Zeit etwas – soweit man von Beruhigung sprechen konnte. Mama fand eine Anstellung beim Adreßbuchverlag Kunze. Zehn Jahre lang sollte sie von nun an täglich dort zur Arbeit gehen. Mit dem verdienten Geld konnte sie Papa abends öfter zum Essen einladen, allerdings mit der Bedingung, daß er nüchtern war. Und das half. Papa mobilisierte alle seine Kräfte und trank tatsächlich weniger.

Ich traute mich nicht, bei diesen abendlichen Essen dabei zu sein, denn ich glaubte, der nächste Schritt wäre dann gewesen, Papa wieder bei uns wohnen zu lassen. So ging Mama immer alleine, und ich wartete heimlich an einer Ecke, bis meine Eltern aus dem Lokal heraustraten und Mama sich von Papa verabschiedete.

So verstrichen einige Wochen. Papas letzte Möbel waren verpfändet und wurden abgeholt, er mußte seine Wohnung verlassen. Also legten wir zusammen und mieteten ihm ein möbliertes Zimmer im 5. Stock eines Altbaus am Kurfürstenplatz.

Mama begleitete Papa nach den mittlerweile zur Gewohnheit gewordenen Restaurantbesuchen immer bis vor die Haustür, und ich wartete als unerkannter Beschützer im Verborgenen. Von diesen Zusammentreffen mit Papa erzählte Mama mir oft, daß er so ruhig und voller Zuversicht geworden sei. Die Augenblicke, in denen er mit Mama zusammen sein konnte, hielten ihn aufrecht.

Eines Tages, nach so einem Abendessen, brachte Mama Papa wie gewohnt nach Hause und wartete unten, bis Papa oben im 5. Stock angekommen war. Sie wartete und wartete, hörte jedoch keine Tür ins Schloß fallen. Von einer Unruhe befallen, rannte sie die Treppen hoch und fand Papa auf den Stufen liegend – er war tot.

Wenn es für ihn einmal unerträglich werden sollte, hatte Papa oft erzählt, wolle er aus dem Leben scheiden – die Tabletten, die dazu notwendig waren, trug er immer bei sich. So erlösten sie ihn schließlich von seinem Schicksal.

1 *Mamas Konfirmation*

2/3 Mama Else Moshammer geb. Bracher und mein Papa Richard Moshammer

4 Mein Elternhaus, die Widenmayerstraße 29 in München

5 Papas (Mitte) Studentenjahre. Mama sagte immer: Er war ein schöner Mann! – mit
einer Größe von über 1,90 Metern
6/7 Sommerfrische am Starnberger See
8 Mama, Tante Luise und Emmy (v.l.n.r.) an
der Isar
9 Faschingsdienstag in Spitzingsee

10 *Der Hochzeitstag meiner Eltern in der Münchner Lukaskirche – der schönste Tag im Leben sollte es werden…*

11 *Die Großeltern Bracher, Fanny und Albert*

12 *Die Großeltern Moshammer – Großmama im Breitschwanzmantel mit Hermelinkrawatte*

13 *Mamas Schwester Emmy mit ihrem Mann Karl Stockmann*

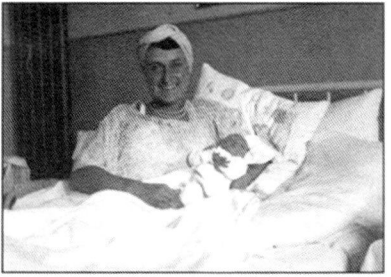

14 Mama im Wochenbett – im Rotkreuz-
Krankenhaus
15 Meine erste Spazierfahrt mit Struppi, Opa
Moshammer und stolzer Mama
16 Das Lieblingsbild von Mama: Rudi im
Tierpark Hellabrunn
17 Kriegsjahre in Pulling bei Freising
18 Mit Struppi

Folgende Doppelseite: ▷▷
20 Der erste Geschäftstag – Mamas sorgen-
volles Gesicht kann die Spuren der vergangenen schweren Jahre nicht verbergen.

19 Rudi mit seiner elektrischen Eisenbahn,
mit der allerdings mehr der Papa spielte!

21 *Glücklicher Eröffnungstag – Mama mit ihrer Mutter*

22/23 *Glanzvolle Eröffnung – mit Baldachin und Fackelträgern, wildem Geparden und Madame Styler, die kurz darauf vom Geparden gekratzt wurde. Gerd Käfer machte den Aufwand möglich.*

24 Im Dachstudio des Geschäftshauses der Maximilianstraße. Es entstehen neue Entwürfe.

25 Mit Frau Dr. Heiler (links), Hausherrin der Maximilianstraße 14, rechts Walter

26 Mit Arndt und Hetty von Bohlen-Halbach

27 *Ich stelle den ersten Nerzmantel für den Mann vor – damals wegweisend in Deutsch-land...*

28 *…auch Mario Adorf kauft einen Nerzmantel*

29 *Hans-Jürgen Bäumler und Raimund Harmstorf*

30 *Besuch aus Amerika: »Bonanza«-Star Lorne Greene, umrahmt von meiner ersten »Mannschaft«*

31 Mit Lorne Greene und Senta Berger

32 Hildchen!

33 Margot Werner bei einem Opernempfang in ihrem wunderbaren Abendmantel, der mit unzähligen farbigen Steinen besetzt war

34 Assilein, mein großer Liebling – ich konnte ihn mir nur auf Abzahlung leisten!

35 *Mit meinem Freund Silvio in unserem so geliebten Venedig. Die kleine Daisy ist dabei.*

36 *Ein Abend mit Uschi Glas*

Erste Berufsjahre

Meine Lehrzeit verbrachte ich bei einer jüdischen Familie, der Tuchgroßhandlung Ernst & Knecht in der Neuhauser Straße.

Dort war es unter anderem meine Aufgabe, die schweren und riesigen Stoffballen, die zum Teil größer als ich selbst waren, in die mehrere Meter hohen Regale einzusortieren. Meine Verkäuferkollegen haben sich daraus einen Spaß gemacht, mich damals noch dürren und nicht sehr kräftigen Kerl immer in die obersten Regale unter der Decke hinaufzuschicken und gespannt zuzusehen, ob ich es schaffen würde oder nicht. Ich wollte mir natürlich keine Blöße geben und habe mich mit aller inneren Kraft – die äußere war ja nicht so ausgeprägt – angestrengt, meine Stoffballen ohne Zwischenfälle in schwindelnder Höhe einzusortieren.

Nach meiner Lehre hatte ich meine erste Anstellung als Verkäufer bei Stoff-Schießl am Maximiliansplatz, wo ich von meinen lieben Kollegen so richtig umsorgt wurde. Dort gab es auch eine alte Dame, die mir besonders in Erinnerung geblieben ist, und der ich mit Bewunderung und großen Augen bei ihrer Arbeit zusah. Sie hatte einfach einen unglaublichen Charme und war den Kunden gegenüber von einer Freundlichkeit, von der ich nur lernen konnte. Manchmal jedoch wurde es mir einfach zuviel, wenn sie nämlich eine Kundin, die sich für einen bestimmten Stoff interessierte, mit den Worten zu überzeugen versuchte: »Also, gnädige Frau, dieser Stoff ist für Sie so richtig ›betzelemäh‹«, ihre ureigenste Wortkreation für etwas besonders Schönes und Kuscheliges, die ich jedoch ganz entsetzlich fand! Allerdings erzielte meine Kollegin mit ihrem einnehmenden Wesen solche Verkaufserfolge, daß ich beschloß, mir einfach ihre guten Seiten anzueignen, das war immer noch Schulung genug.

Während dieser Zeit habe ich übrigens auch die durch den gleichnamigen Brillenhersteller bekannte Inge Rodenstock kennengelernt. Sie hat sich schon damals gerne von mir beraten lassen und sich stets die schönsten Stoffe ausgesucht.

Nach den Schießl-Jahren, in meiner folgenden Anstellung, bin ich während der Tischzeit immer nach Hause gerannt, um mich um Assi, meinen Pudel, zu kümmern. Natürlich habe ich es selten geschafft, pünktlich zur Arbeit zurück zu sein. Meist erschien ich völlig außer Atem, etwas desolat und vor allem verspätet nach Tisch wieder im Geschäft, so daß alle mich nur verwundert ansehen und auch der offizielle Rüffel nicht lange auf sich warten ließ. Disziplin und Pünktlichkeit wurden natürlich vorausgesetzt, und ich versuchte auch sehr, diesen Anforderungen gerecht zu werden, aber nachdem ich, um das Fahrgeld zu sparen, meistens nicht mit der Tram fuhr, blieb es oft bei dem Versuch.

Diese neue Anstellung hat eine besondere Vorgeschichte: Meine Wege führten mich oft an den Auslagen von van Hees vorbei, und jedesmal bewunderte ich diese wunderbaren und künstlerisch gestalteten Fenster. Immer schon hatte ich den Wunsch, einmal in diesem Geschäft arbeiten zu dürfen.

Irgendwann nahm ich dann all meinen Mut zusammen, dieses Geschäft zu betreten und dem Besitzer, Herrn Sick sen., meine Bewunderung auszudrücken. Dieser war ganz angetan von mir und meinte, wenn ein junger Mann so viel Gefühl für Schönheit besäße und seine Fenster bewundere, wäre das eigentlich Eignung genug, um ein Mitarbeiter seines Hauses zu werden. Nun, was soll ich sagen, zu meiner größten Überraschung wurde ich bei van Hees eingestellt, was insofern schon ungewöhnlich war, weil damals nur Adelige eingestellt wurden, ich aber aus bürgerlichem Hause kam. Schon allein deshalb hatte ich mir nie eine Chance ausgerechnet.

Nach meiner Zeit bei van Hees hätte es mich beinahe zu den »Preiß'n« nach Berlin verschlagen. Ich hatte Alfred Vohrer kennengelernt, den Regisseur der damaligen Edgar-Wallace-Verfilmungen, später auch bekannt für Serien wie »Die Schwarzwaldklinik« oder »Das Traumschiff«. Alfred Vohrer meinte, er könne mich doch einmal in einem seiner Filme unterbringen und bot mir eine Rolle an – was mir natürlich sehr schmeichelte. Trotzdem lehnte ich das Angebot ab, denn ich wollte ganz konsequent meinen Berufsweg gehen, um Modeschöpfer zu werden, und nun nicht meine Pläne mit der Filmschauspielerei durcheinanderbringen. »Nun«, meinte Herr Vohrer, »wie Sie wollen, ich habe in Berlin auch noch andere wertvolle Kontakte, ich bin befreundet mit Lindenstedt und Brettschneider. Wenn Sie möchten, lade ich Sie ein und stelle Sie vor – vielleicht gelingt es Ihnen, in Berlin Fuß zu fassen.«

Berlin war natürlich ein verlockendes Angebot! Nun, ich habe es ausprobiert, bin auf Einladung Vohrers nach Berlin geflogen und wohnte in seiner großen Villa in Dahlem, mit Personal und allem Drum und Dran. Ich war von der Schönheit des Hauses und der Großzügigkeit seiner Gastfreundschaft überwältigt.

Jedoch hatte sich bereits am nächsten Morgen die Situation völlig geändert. Blaß und deprimiert saß die Familie mit den Gästen am Frühstückstisch. Ich selbst war zu diesem Zeitpunkt bei bester Laune und auch aufgeregt, stand doch das Vorstellungsgespräch bei Lindenstedt & Brettschneider in Ostberlin bevor. Auf meine bestürzte Frage, was denn bloß los sei, antwortete man mir, daß in der Nacht mit dem Bau der Berliner Mauer begonnen worden sei.

Niemand wußte zu diesem Zeitpunkt, wie sich die Situation weiterentwickeln würde. Fred drang in mich, sofort nach München zurückzukehren, solange dies noch möglich sei.

Man wußte ja nicht, was mit Berlin passieren würde und ob die Grenzen nicht schon dicht waren. Trotz Freds guter Beziehungen gelang es uns erst nach zwei Tagen, ein Flugticket nach München zu ergattern.

Das Schicksal wollte anscheinend meine Rückkehr nach München. Was wäre wohl geschehen, wenn ich in Berlin geblieben wäre? Hätte es das Münchner Geschäft trotzdem gegeben, oder wäre ich Designer bei Lindenstedt & Brettschneider geworden? Für mich war das damals schon eine schicksalsschwere Entscheidung, aber ich war doch froh, wieder in München und bei Mama zu sein, derentwegen ich schon ein schlechtes Gewissen hatte, sie in dieser schwierigen Zeit allein zu lassen. Aber ich hatte halt gehofft, in Berlin mehr zu verdienen, um dann auch Mama helfen zu können.

Mit dem Verdienen war das so eine Sache. Von Zuhause her waren Mama und ich ja ein gewisses Niveau gewöhnt, das wir selbst in den Zeiten, in denen es uns schlecht ging, einigermaßen zu halten versuchten. So suchte ich mir zum Arbeiten auch immer sehr exklusive und ästhetisch anspruchsvolle Unternehmen aus – allerdings wurde dort die Arbeit auch am geringsten bezahlt. So waren wir gezwungen, auch nachts zu arbeiten, um über die Runden zu kommen. Ich arbeitete eine Zeitlang im Schwabinger Automatenrestaurant Pic-Nick, dem ersten seiner Art in München. Dort gab es nur eine Halle mit Stehtischen. An den Wänden entlang standen große

Automaten, an welchen man sich, wie bei einem Ziga-
rettenautomaten, gegen Geld die vorbereiteten Mahlzeiten
aus den gläsernen Fächern holen konnte. Für mich war das
außerordentlich praktisch, konnte ich doch unbemerkt im
Hintergrund Teller spülen – wie peinlich wäre es mir gewesen, wenn mich jemand erkannt hätte! Van Hees hätte
dies nie geduldet, und ich wäre meinen Arbeitsplatz los gewesen.
Pic-Nick sperrte nachts um ein Uhr zu, und weil ich »noch
nicht genug hatte«, arbeitete ich in dem einen oder anderen
Nachtlokal, die es damals noch gab, so zum Beispiel im »Käfig«. Auch dort spülte ich Teller und war ganz glücklich, daß
ich auf diese Art noch etwas dazuverdienen konnte, ohne erkannt zu werden.
So sind wir dann über die Runden gekommen, allerdings hatte dieses Leben auch zur Folge, daß ich nie vor zwei oder drei
Uhr in der Früh ins Bett gekommen bin, und um sieben Uhr
mußte ich ja schon wieder aufstehen. Ich habe mich jedoch
schon damals so an diesen Rhythmus gewöhnt, daß ich ihn
bis heute beibehalten habe. Mama ging es nicht viel anders;
nach ihrer täglichen Arbeit beim Adreßbuchverlag Kunze arbeitete sie ebenfalls auch noch in der Nacht.
Damals haben wir auch den Regieassistenten von Kurt Hoffmann, Eberhard Schröder, kennengelernt. Kurt Hoffmann
war der Regisseur vieler Lilo-Pulver-Filme, wie z. B. »Das
Wirtshaus im Spessart« oder »Das schöne Abenteuer«. Durch

diese Bekanntschaft hatten Mama und ich die Gelegenheit, uns ab und zu als Statisten ein kleines Zubrot zu verdienen. So sind wir auch eines heißen Sommertages, als gerade der Film »Das schöne Abenteuer« gedreht wurde, in die Bavaria Filmstudios gefahren, um als Statisten mitzuwirken. Es sollte eine Szene gedreht werden, in der es regnete, und die Statisten, die dabei naß wurden, erhielten 20 DM extra. Das wollten wir uns natürlich nicht entgehen lassen, und weil wir bei dieser Regenszene nicht eingeplant waren, machten wir uns gegenseitig heimlich unter einem Wasserhahn naß! Dann haben wir uns bei der Verteilung der Gagen als Regenopfer angestellt und hatten einen Mordsspaß, als wir schließlich die zusätzlichen 20 DM in der Tasche hatten.

Von meinem ersten Gehalt als Lehrling kaufte ich Mama einmal eine Goldmünze für ihr Armkettchen, das ein Erbstück aus ihrer Familie war. Mit der Zeit vermehrten sich diese Münzen, und wenn das Geld ganz rar war, so wurde dieses Armband zum Versatzhaus Grüne gebracht und mit 50 DM beliehen. Wir hätten auch mehr bekommen können, aber wir wollten kein Risiko eingehen, da wir das Band ja wieder zurückhaben wollten. Zu unserem großen Kummer schafften wir es aber einmal nicht mehr, die 50 DM aufzutreiben, und so wurde dieses schöne und sauer ersparte Erinnerungsstück für wenig Geld versteigert und war verloren.

Das Damoklesschwert der Zwangsversteigerung hing damals auch über unseren wertvollen antiken Möbeln. Das war auch ein Grund, weshalb wir Tag und Nacht arbeiten mußten, wollten wir doch unsere Möbel unbedingt retten. Dies ist uns Gott sei Dank auch gelungen, sonst hätten wir unser späteres Geschäft nicht eröffnen können, bildeten doch unsere privaten Möbel den Grundstock für die Einrichtung. Mit unseren alten Orientteppichen erging es uns genauso, auch wenn ich im Grunde nie ein Freund von ihnen war. Aber es waren immerhin die Teppiche meiner Eltern, und Mama hing sehr an diesen wertvollen Erinnerungsstücken. So lebten wir in ständiger Sorge – bleiben die Teppiche nun bei uns oder werden sie versteigert?

Als es uns dann schon besser ging, wurde die Wohnung meiner Mutter renoviert und die Teppiche kamen, damit ihnen nichts geschehe, auf den Speicher. Nun zog sich die Renovierung etwas in die Länge, und die Teppiche mußten länger in der Verbannung bleiben als geplant. Als wir sie dann endlich vom Speicher herunterholten, waren die guten Stücke ein Opfer der Motten geworden, und dies in einem Ausmaß, daß uns nichts anderes mehr übrigblieb, als die Teppiche dem Kehricht zu übergeben. Die ganze Mühe und Sorge, die wir uns wegen der Teppiche gemacht hatten, war umsonst gewesen – welche Ironie des Schicksals!

Die Kraft der Phantasie –
Ein neuer Anfang

Doch die Zeit kam, in der sich das Blatt zu wenden schien; die Firma Rödig in der Residenzstraße bot mir eine schöne Position an. Ich war bemüht, mich mit ganzer Kraft für dieses Haus einzusetzen, was mir von Herrn Rödig auch gedankt wurde.

Herr Rödig führte auch Bademäntel, die er als Konfektionsware aus Italien bezog. Ich schlug ihm nun vor, nach meinen eigenen Vorstellungen für ihn eine farbenfrohe und lustige Bademantelkollektion zu entwerfen und anzufertigen. Ich hoffte natürlich, Herrn Rödig mit meiner Idee begeistern zu können und ihn dazu zu bringen, mir meine Bademäntel dann abzukaufen. Doch er meinte auf diesen Vorschlag hin nur: »Na mach mal!«

Zu Hause in der Agnesstraße saß derweil meine Freundin und nähte nun nach meinen Ideen und aus den von mir gekauften Frotteestoffen die ersten Bademäntel mit bunten, auf den Rücken applizierten Elefanten, Giraffen, Eistüten und Sonnenschirmen.

Als diese Modelle fertig waren, präsentierte ich sie voller Euphorie Herrn Rödig. Dieser reagierte jedoch ganz anders als erhofft. Beim Anblick meiner Kollektion erstarrte er buchstäblich und schwieg erst einmal. Dann sprach er mit strenger Stimme: »Das erlaube ich Ihnen nicht, unterlassen Sie das bitte sofort, sonst haben Sie die Konsequenzen zu tragen!« – Er hatte Konkurrenz in den eigenen Reihen gewittert! Für mich war das natürlich ein Schlag ins Gesicht. Da stand ich nun mit meinen Bademänteln, und mein erhoffter erster Abnehmer fiel schon aus.

Beinahe jeden Abend holte Mama mich vom Geschäft ab. Zu Hause angekommen, wartete bereits schon eine Anzahl Damen, welche ich in den benachbarten Geschäften der Residenzstraße geworben hatte, darauf, von mir eingekleidet zu werden. Jede dieser Damen wurde von mir mit den Worten empfangen: »Also für Sie habe ich mir etwas ganz Besonderes einfallen lassen!« – dabei wußte ich in diesem Augenblick noch gar nicht, was ich eigentlich machen wollte. Mama kümmerte sich um die Konversation, und ich legte einfach los, brachte etwas aufs Papier, und meine Auftraggeberinnen waren jedesmal dankbar und restlos begeistert.

Endlich war zu spüren, daß es nun aufwärts ging.

Einmal kam meine Schulfreundin Angie Hermann zu Besuch – sie hatte sich zwischenzeitlich vermögend verheiratet – und bestellte bei mir eine gesamte Kollektion für sich. Ich kann mich noch gut an diese Modelle erinnern: ein weißer Nerz

sowie ein Traum von einem weißen Cashmeremantel mit riesigen Nerzbesätzen an den Ärmeln, dazu den passenden
Muff. Allerdings war das kein gewöhnlicher Muff, reichte er
doch in seiner Länge beinahe bis zum Boden. Dazu kamen
noch einige Cocktailkleider – ein großartiger Auftrag! Und,
welch ein Segen, Angie bezahlte alles im voraus, wußte sie
doch um unsere Geldnöte.

Nun, die Modelle wurden fertig, und ich dachte bei mir, daß
sie es wirklich wert seien, vorgeführt zu werden – aber wie,
ohne Geld!

Doch das Glück sollte mir schon kurz darauf hold sein: Ganz
München war damals im George Hamilton-Fieber, da eben
in den Kinos die Filme mit diesem wunderbaren Hollywood-
star angelaufen waren. Durch einen Zufall ergab sich, daß
George Hamilton zusammen mit seiner Mutter Anne das
Haus Rödig besuchte, und ich die Ehre hatte, dieses Paar bedienen zu dürfen. Ich nahm allen Mut zusammen, nutzte die
Gelegenheit, lud die beiden zu meiner Modenschau ein – und
erhielt eine begeisterte Zusage.

Jetzt war die Aufregung natürlich groß. Angie mußte auch
gleich alles erfahren, sie sollte ja die Modelle vorführen. Es
galt, den Abend in Windeseile vorzubereiten. Erst einmal
mußte die richtige Beleuchtung gefunden werden. Da die Anschaffung von Scheinwerfern viel zu teuer geworden wäre,
entschied ich mich für das absolute Gegenteil, nämlich Kerzen! Von unseren alten venezianischen Lüstern montierte ich

die Elektrifizierung ab und bestückte die Halterungen mit Kerzen, überhaupt wurde die ganze Wohnung mit Kerzen übersät. Mamas Reaktion auf diesen Trubel war: »Du bist ja verrückt, die kommen doch nie, was machst du dir denn diese ganze Arbeit!«

Mitten in der Hektik klingelte es an der Tür – draußen stand ein Lieferwagen von Dallmayr und brachte unverhofft Tabletts mit Canapés und Champagner in silbernen Kühlern. Obwohl ich diese Gaben dringend gebraucht hätte, konnte es sich doch nur um einen Irrtum handeln, den ich aufzuklären versuchte. Nun, nach einigem Hin und Her stellte sich heraus, daß Angie mir auf diese rührende Weise unter die Arme gegriffen hatte.

Mittlerweile war es Abend geworden, und mit einer Mischung aus Erschöpfung, Glücksgefühl und Spannung erwarteten wir unsere illustren Gäste. Tatsächlich, pünktlich um zwanzig Uhr trafen George und Anne Hamilton bei uns ein!

Es wurde ein unvergeßlicher Abend. Angie führte als unser »Haus-Mannequin« im Schein der unzähligen Kerzen die wenigen Modelle, die ich hatte, vor, und Anne Hamilton gab mir den Auftrag, alle diese Stücke ein zweites Mal für sie anzufertigen! Bis in die frühen Morgenstunden saßen wir alle auf dem Fußboden beieinander – es war für die Hamiltons und für uns ein ganz außergewöhnliches Ereignis mit einer unglaublichen Atmosphäre.

Als sich schließlich die Tür hinter unseren Gästen geschlossen hatte, war Mama zu Tränen gerührt und sagte nur: »Jetzt wird sich unser Leben ändern.«

Dies war also mein erster Auftritt, der zu einem Meilenstein im Leben von Mama und mir werden sollte.

»Carnaval de Venise«:
Feierliche
Geschäftseröffnung

Beflügelt von meinem ersten Erfolg war in mir der Entschluß gereift, einen eigenen Modesalon besitzen zu wollen. Euphorisch zeigte ich Mama immer wieder neue Orte, an welchen ich mein Geschäft eröffnen wollte, doch genau so oft hagelte es Absagen. Nachdem die jeweiligen Besitzer Erkundigungen über unsere finanziellen Verhältnisse eingeholt hatten, war ihnen klar, daß wir nicht die richtigen Geschäftspartner sein konnten.

Ziemlich ratlos suchte ich nach einem anderen Weg, der zum Erfolg führen könnte. So ging ich in die Maximilianstraße, mit dem festen Entschluß, hier mein Glück zu finden. Bei sämtlichen Hausmeistern klingelnd und diese mit der Frage nach freien Ladenlokalen bestürmend, hatte ich schon in der ersten Hälfte der Straße Glück. Ein ehemaliges Geschäft für Orientteppiche sollte frei werden. Nun galt es allerdings, die Sache diesmal schlauer anzugehen. Ich machte den Eigentümer des Anwesens aus – es war eine ältere Dame. Als ich nun vorsprechen wollte, ließ mich die Hausdame erst gar nicht vor. Ich flehte und bettelte aber so eindringlich, daß sie sich schließlich doch erbarmte und die gnädige Frau rief. Gleich zu Beginn erklärte ich der Dame, daß sie meine letzte Hoffnung sei und sie mir doch – bitte, bitte! – helfen solle. Im selben Atemzug eröffnete ich ihr aber auch, daß sie sich erst gar nicht über unsere Verhältnisse zu erkundigen brauche, es sei sowieso nichts vorhanden. Außer dem Fleiß und der Liebe zum Beruf könnten Mama und ich als Sicherheit nichts bieten!

Scheinbar hat meine Rede einen solchen Eindruck auf sie gemacht, daß die Dame mit den spontanen Worten: »Warum soll ein junger Mensch nicht auch eine Chance haben?« mir den Laden gab.

Mit Freudentränen in den Augen dankte ich meiner Retterin und verabschiedete mich. Mein nächster Weg war nun zu Mama, die ja von meiner Aktion wieder einmal nichts gewußt hatte.

»Zieh dir was Elegantes an und mach dich schön«, rief ich, »ich führe dich an die Schaufenster unseres Geschäfts!« Mama zog sich einen blauen Mantel, zu dem ich aus einem etwas desolaten Chinchillamantel Ärmelbesätze, eine Mütze und einen Muff genäht hatte, über, und so begaben wir uns also an einem kalten Februarabend an die Maximilianstraße 14, und ich zeigte Mama die Schaufenster, in welchen noch die schönsten Orientteppiche lagen.

Mama hatte jedoch schon zu viele Absagen erlebt, wollte mir

nicht glauben und meinte nur traurig: »Das wird ja nie klappen.« – Doch schon am folgenden Tag wurde der Vertrag unterschrieben und wir waren die überglücklichen Besitzer unseres eigenen Geschäfts!

Am 2. Mai 1967 wurde unser Geschäft eröffnet. Unsere antiken Möbel, mühsam aus den schlimmsten Tagen herübergerettet, gaben einen exklusiven Rahmen ab. Zu Hause stand zwar kein Stück mehr, dafür hatten wir aber einen eleganten Laden. Eigentlich hätten wir ein Zuhause gar nicht mehr benötigt, denn Mama und ich lebten die folgenden Jahre sozusagen nur noch im Geschäft, lediglich die Betten hätten wir noch aufstellen müssen. Die Schränke waren stets verschlossen, es war ja auch nichts drin.

Begonnen hatten wir also nur mit meinen Bademänteln, die attraktiv in den Fenstern dekoriert waren. Unser einziger Gedanke war, wieder den Lebensstandard zu erreichen, den wir einst hatten und auf den wir zehn Jahre lang hatten verzichten müssen. Mama nahm mich in ihre Arme und sagte: »Wir schaffen das schon.«

Am Abend des 2. Mai stand also das Fest der Eröffnung bevor. Auch hier mußten wir wieder ohne Geld eine Inszenierung aus dem Boden stampfen, denn wir wollten vom ersten Tag an in der Maximilianstraße bekannt sein.

Gerd Käfer, der damals schon berühmt für seine Parties war, sagte mir auf meine Bitte hin spontan seine Hilfe zu, obwohl er mich nicht kannte und ich auch hier die Rechnung nur abstottern konnte. Aber auch ihn schien mein Mut und die Idee einer gigantischen, alle überzeugenden Eröffnung zu begeistern. Von diesem Moment an entwickelte sich zwischen uns eine Freundschaft, die bis zum heutigen Tag anhält.

Damit aber noch lange nicht genug. Jetzt mußten Scheinwerfer her, denn ich hatte die Vorstellung, die Anfahrt der Gäste hell auszuleuchten. Doch auch hier standen wir wieder vor einem finanziellen Problem. Also fuhr ich zum Bayerischen Fernsehen und machte den Vorschlag, die Eröffnung meines Geschäfts doch zu drehen – dann wäre das notwendige Licht gleich mitgeliefert worden. Aber meine Bitte verhallte ungehört, alle hatten ganz wahnsinnig viel zu tun, und überhaupt war ich ja völlig unbekannt. In diesem Moment der Ratlosigkeit konnte ich mich nur noch verzweifelt auf die Knie werfen und nochmals flehentlich um Hilfe bitten – das half. Die Herzen erweichten sich, eine Portion Neugierde spielte dabei sicher eine Rolle, und um acht Uhr am Abend war ein TV-Team vom Bayerischen Fernsehen mit meinen Scheinwerfern zur Stelle.

Um dem Ganzen noch die Krone aufzusetzen, hatte Gerd Käfer mit seiner unendlichen Phantasie offene vierspännige Kutschen organisiert. Diese mußten bei der Oper warten, um dann die geladenen Gäste vor unseren Laden vorzufahren – ein unbeschreiblicher Anblick!

Mein Traum war immer, einen lebenden Geparden zu besitzen. Der Zufall wollte es, daß tatsächlich an diesem Tag per

Zeitungsinserat ein Gepard zum Verkauf angeboten wurde. Sofort rief ich den Besitzer an und bat die Familie, diesen Geparden doch sogleich nach München zu bringen. Ich wurde noch darauf aufmerksam gemacht, daß das Tier etwas störrisch sei und ich doch lieber für ein paar Tage ausprobieren sollte, ob wir zwei zusammenpassen. – Egal, ich mußte dieses Tier einfach haben. Mein Gepard wurde also am Nachmittag der Eröffnung hierher gebracht, und sogar Mama war von der Idee hellauf begeistert.

Beide waren wir schon für den Abend umgezogen: Mama trug ein türkisfarbenes Kleid, dessen Rand von kleinen Perlen gesäumt war, ich eine schwarze, seidene Chinajacke mit den passenden Seidenhosen. Meinen damals noch schmächtigen Hals zierten Goldketten, welche ich von unserem benachbarten Juwelier ausgeliehen hatte. Voller Stolz promenierte ich nun in diesem Aufzug und mit dem Geparden auf der Maximilianstraße. Das Ergebnis war, daß sich Massen neugieriger Passanten ansammelten, um dieses exotische Paar bestaunen zu können. Allerdings hatte das Staunen bald ein Ende, denn als wir die Straße überqueren wollten, fiel es meinem Geparden ein, sich mitten auf die Straßenbahngleise zu setzen und sich weder mit Schimpfen noch Engelszungen von der Stelle bewegen zu lassen. Niemand traute sich zu helfen, war doch die Angst vor dem Tier viel zu groß. Eine Tram nach der anderen staute sich, die Menschen liefen zusammen, kurz, es war ein Chaos.

Der zweite Verkehrsstau folgte kurz darauf, als die Eröffnung in vollem Gang war. Die von Gerd Käfer organisierten Kutschen benötigten nämlich die gesamte Straßenbreite, um zu wenden und zur Oper zurückzufahren, wo bereits neue Scharen von Gästen darauf warteten, abgeholt zu werden. – Uns war diese ungeplante, zusätzliche Werbung natürlich mehr als willkommen!

Unangemeldet und nicht eingeladen stand plötzlich Hannes Obermeier vor mir, der damals berühmte, aber auch gefürchtete Kolumnist der Abendzeitung, auch Hunter genannt. Meine Gefühle in Anbetracht dieses hohen Besuchs schwankten zwischen Angst und Freude, und ich, der ich in meinen jungen Jahren noch keinerlei Erfahrung im Umgang mit der Presse hatte, empfing Herrn Obermeier mit den Worten: »Wieso besuchen Sie uns, Sie sind doch gar nicht eingeladen!« Und um die Sache noch schlimmer zu machen, redete ich gleich weiter: »Wie können Sie überhaupt über Mode schreiben wollen, Sie sind doch kein Modefachmann!« – Aber Hunter hatte eine Story gewittert und blieb zu meinem großen Glück. Am nächsten Tag prangte die Schlagzeile in der Abendzeitung: »Ein Modezar ist geboren«, begleitet von unzähligen Bildern. Der Durchbruch über Nacht war uns gelungen!

Unter unseren Gästen waren auch Madame Styler mit ihrem Gatten Herbert. Die Stylers führten ein glanzvolles Haus an der Hochleite in Harlaching, das berühmt für große Dinner-parties war, die für die internationale High-Society gegeben wurden. So spielte dieses Paar in der Münchner Gesellschaft eine glamouröse Rolle, was Madame Styler den Übernamen »Diamanten-Wally« einbrachte. Ihr Vater war *der* Diamantenkönig in Holland, und Madame pflegte mutig ihre wunderbaren Juwelen in all ihrer Vielfalt und Schönheit zu tragen. Stylers waren natürlich unsere Ehrengäste und sorgten mit ihrer Anwesenheit für einen höchst eleganten und exklusiven Rahmen. Schon die Anfahrt mit ihrem wunderbaren alten Rolls-Royce – unverzichtbar mit Chauffeur – war ein Auftritt ohnegleichen: Der Wagen hielt vor unserem Geschäft, der Chauffeur stieg aus und holte aus dem Kofferraum ein Holztreppchen, damit Madame bequem dem hohen Gefährt entsteigen konnte. Erst waren nur die elegant beschuhten Füße zu sehen, die sich einer nach dem anderen auf das Treppchen setzten. Dann schälte sich »Diamanten-Wally« mit unnachahmlicher Grandezza aus dem Fond des Wagens und stieg über die Stufen zu uns herunter – wir waren sprachlos.

Selbstverständlich hatten Stylers Ehrenplätze in der vordersten Reihe. Meine Bademantelmodenschau begann, und das erste Model führte als *die* Attraktion meinen Geparden an der Leine. Das Tier war jedoch nicht an eine solche Menschenmenge gewöhnt, beim Anblick derselben sprang es plötzlich schreckhaft hoch und streifte ausgerechnet Madame Styler mit den Krallen am Bein, Blut floß, die

Menge schrie auf, das mußte der Untergang meines Traumes sein!

Ich war untröstlich und versuchte Madame Styler zu beruhigen. Diese erhob sich, der Wagen wurde gerufen, um Madame ins Krankenhaus zu fahren. Ich entschuldigte mich in einem fort, doch in der Tür wandte sich Madame Styler zu mir um und sprach mit ihrem rauchigen Timbre: »Lieber Herr Moshammer, denken Sie sich nichts dabei, ich werde mir doch nicht das herrliche Buffet entgehen lassen, ich komme wieder!«

Und tatsächlich. Nach einer Dreiviertelstunde fuhr sie wieder vor, als sei nichts geschehen. Mama und mir fiel eine Steinlawine von unseren Herzen. Die Stylers verließen schließlich als letzte Gäste unser Eröffnungsfest – Mama und ich waren glückselig.

Begegnung mit Hans-Fritz Beckmann – Diamonds are the girls best friend

Am nächsten Tag begann nun unser Frontkampf. Voller Erwartungen, euphorisch und ängstlich zugleich, warteten Mama und ich auf unseren ersten Kunden. Dieser kam auch. Sein einziger Satz war: »Ich möchte den jungen Menschen kennenlernen, der den Mut hat, nur mit Bademänteln in der Maximilianstraße ein Geschäft zu eröffnen. Das stehen Sie nicht lange durch!« Sprachs und verschwand – uns rutschte das Herz in die Hose.

Dieser Mann, der uns derart ermutigte, wurde in den folgenden Jahren in unserem Geschäft zur Institution. Es war Hans-Fritz Beckmann, der Textschreiber von so unvergänglichen Schlagern wie »Bel Ami«. Er schrieb unendlich viele Texte für Marlene Dietrich und Zarah Leander, meist stammte die Musik von Peter Kreuder. Sein Erfolg war beispiellos, und seine Schlager machten ihn zu einem vermögenden Mann.

Bald verband uns eine innige Freundschaft, und Hans-Fritz kam jeden Morgen in unser Geschäft, um mit uns zu frühstücken. Nebenbei erfüllte er sich alle seine modischen Wünsche bei uns. Einmal ließ er einen Lederlumber fertigen, der mit Chinchilla gefüttert und beidseitig tragbar war – damals eine unglaubliche Sache. Große Freude hatte er auch an seidenen Kaftangewändern, in denen wir in dieser Zeit oft auf Einladungen und Empfängen erschienen.

Einmal luden wir ein paar Freunde, darunter Hans-Fritz, in das Nobelrestaurant Humpelmayr ein, in kulinarischer Hinsicht damals die erste Adresse in München. Ich gab die Devise aus: »Garderobe ist unwichtig, wir treffen uns bei mir!« Hier im Geschäft kleidete ich alle in bodenlange buntseidene Kaftane ein, und solcherart exotisch gewandet tauchten wir – barfuß! – bei Humpelmayr auf.

Die Verwirrung, die wir stifteten, war natürlich beträchtlich, herrschte doch zur damaligen Zeit noch Krawattenzwang. Die Gäste steckten bei unserem Auftritt tuschelnd die Köpfe zusammen, und die befrackten Ober wußten nicht recht, was sie mit uns anfangen sollten. Nachdem jedoch unser Name durch die Schlagzeilen der Geschäftseröffnung schon ein wenig an Bekanntheit gewonnen hatte, wagte auch niemand, uns die Tür zu weisen.

Dieser Auftritt war übrigens auch der Anlaß für Mamas Frisur, die ich für sie kreiert habe und die sie brav bis zu ihrem Tode trug. Wenn Mama zum Friseur ging – und das mußte sie von da an beinahe täglich – dann verzweifelten die Angestellten schier jedesmal. Mamas Haare reichten in offenem

Zustand bis zu ihren Hüften, und es war unendlich viel Arbeit, diese Pracht blau zu färben, hochzustecken und in die gewünschte Form zu bringen.

Hans-Fritz Beckmann war der erste, der zu unserem schnell einsetzenden Erfolg maßgeblich beitrug. Täglich rief er an und besprach mit mir seinen Garderobeplan für den Abend. Und was er nicht schon hatte, ließ er sich kurzerhand anfertigen. So entwickelte er eine große Freude am gesellschaftlichen Leben, das er gerne mit uns teilte.

Hans-Fritz war schon mehrmals verheiratet gewesen; er war nun mal so korrekt und anständig, seine jeweilige Geliebte immer zu ehelichen. Seine große Liebe galt der Jugend, und so wurden seine Mädchen auch immer jünger. Eines Tages stellte er uns seine neue Liebe vor, sie hieß Moni. Moni war etwas ganz Zärtliches und Liebevolles, sie nannte Hans-Fritz immer »mein Futzelchen«. Waren die beiden bei uns zu Besuch und Hans-Fritz saß in einem unserer Fauteuils, so schmiegte sich Monilein an seine Beine, legte ihren Kopf auf seine Knie und strahlte ein enormes Glück aus. Bei solchen Gelegenheiten meinte Mama zu mir: »Das wäre doch eine Frau für dich!« Aber Mama irrte sich. Monilein hätte ich nie im Leben haben wollen, sie war mir einfach zu »süüüüß«.

Die Dinge nahmen ihren Lauf, und die beiden verlobten sich. Es gab ein rauschendes Fest und Hans-Fritz beschenkte Monilein mit einem wunderbaren Pelz und herrlichen Juwelen. An diesem Abend eröffnete mir das glückliche Monilein, sie

werde am nächsten Tag in die USA fliegen. Ich war natürlich der Meinung, zusammen mit Hans-Fritz. Aber nein, Monilein wollte alleine fliegen! Hans-Fritz wußte überhaupt
nichts davon. Sie müsse erst einmal Abstand gewinnen und
prüfen, ob sie überhaupt für diese Ehe geeignet sei, sagte sie
mir. Mit Hans-Fritz wolle sie erst am nächsten Morgen darüber sprechen.

Am Morgen darauf kam Hans-Fritz wie immer zu uns zum
Frühstück, aber er war ganz gebrochen und hatte Tränen in
den Augen. Von da ab verschlechterte sich sein Zustand von
Tag zu Tag, er kränkelte und war überhaupt nicht mehr wiederzuerkennen. Auch Mama hatte mittlerweile ihre Meinung
über das Monilein geändert, war genauso enttäuscht und litt
mit Hans-Fritz.

Einen heftigen Wortwechsel oder gar einen Streit hatten wir
nie mit ihm. Das änderte sich an dem Tag, an dem er mit
zwei Flugtickets nach Puerto Rico zu mir kam und mich bat,
ihn zu begleiten, weil er wußte, daß Monilein dort war und
ich ihm bei der Suche helfen sollte. Spontan nahm ich die
Tickets, zerriß diese und fragte ihn, was er denn von Monilein erwarte, wenn er sie gefunden hätte. Hans-Fritz, der
natürlich mit meiner Unterstützung gerechnet hatte, redete
daraufhin tagelang nicht mehr mit uns, und er fehlte uns sehr.
Eines Tages rief er dann freudestrahlend bei uns an, um uns
zum Essen einzuladen, Monilein war zurückgekehrt! Wir waren so glücklich über diese Nachricht und freuten uns auf den

gemeinsamen Abend. Doch schon bald mußte Hans-Fritz erkennen, daß Monileins Liebe inzwischen andere Wege gegangen war, und sein Gesundheitszustand verschlimmerte sich daraufhin noch mehr.

An einem der folgenden Tage kam er dann leichenblaß und nur noch ein Schatten seiner selbst zu uns ins Geschäft, kniete sich vor mir nieder, überreichte mir eine weiße Orchidee und sprach: »Junge, wie konnte ich nur einst an dir zweifeln!« Daraufhin begab er sich in eine Münchner Klinik, wo er zwei Tage später an einem Krebsleiden verstarb. – Mama und ich hatten unseren besten Freund verloren.

Jahre danach tauchte auf einmal das Monilein in unserem Geschäft auf, rief: »Rudilein, wir haben uns ja so lange nicht gesehen!« und war drauf und dran, mir um den Hals zu fallen. Da ich bis heute nicht vergessen kann, was sie Hans-Fritz angetan hatte, trat ich einen Schritt zurück und gab zur Antwort: »Gnädige Frau, es tut mir leid, ich habe Sie nie in meinem Leben gesehen, ich kenne Sie nicht!« Monilein versuchte es noch ein paar Mal mit: »Aber Rudilein, kennst Du mich denn nicht mehr?« Nun, ich blieb hart, und Monilein verließ unser Geschäft erfolglos. Sie ging als eine Fremde.

Mein amerikanischer Traum

Mit achtundzwanzig Jahren habe ich meinen Führerschein gemacht, nachdem ich bis dahin immer mit der Tram ins Geschäft gefahren war. Aber als ich nun den Führerschein hatte, und das Geld für einen Wagen da war, sollte es auch gleich etwas ganz Besonderes sein. Meine Jugendzeit waren ja die fünfziger Jahre, die Zeit von Elvis Presley, Little Richard und bunten amerikanischen Wagen, die so groß wie Swimmingpools waren, chromglänzend und mit den unglaublichsten Heckflossen. So einen Wagen zu besitzen war mein Traum, und ich bewunderte neidlos die Menschen, die sich so etwas leisten konnten. Meine Freude an schönen Dingen – auch wenn ich sie nicht besaß – war stets über alle Mißgunst erhaben. Damals war das noch anders, da kaufte man sich ein Auto erst, wenn man es sich auch leisten konnte. Heute ist das ja umgekehrt ...

Ich kaufte mir also bei General Motors einen Cadillac Sedan de Ville in Silbergrau und erfüllte mir damit einen langgehegten Wunsch. Es war ein Traum von einem Auto, riesengroß natürlich, und die Sitze waren bezogen mit einem wunderbaren lila Damast. Der Wagen war so breit, daß ich mich später, als wir uns einen Fahrer leisten konnten, bei meinen Geschäftsreisen bequem wie in einem Schlafwagen im Fond auf der Bank ausstrecken konnte. Wegen meiner damaligen Flugangst sind wir auch die längsten Strecken immer gefahren.

Es kam der Tag der Premiere meines Wagens, und ich wollte mit ihm vor dem Geschäft vorfahren. Mama und das Personal standen schon bereit und erwarteten mich, sie hatten Blumen und Champagner, um den Wagen zu taufen, winkten mit weißen Tüchern, ich konnte sie schon beim Einbiegen in die Maximilianstraße sehen.

Nun war ich trotz meines bestandenen Führerscheins nicht so vertraut mit dem Fahren und vor allem nicht mit dem Einparken. Nachdem ich aber genau dies vor meinem Geschäft hätte tun müssen, und ich genau wußte, daß es vor aller Augen mit einem Fiasko enden würde, fuhr ich ganz stolz an meinem Geschäft vorbei, ließ die gesamte Gesellschaft zu deren Verblüffung stehen und fuhr erst einmal nach Bogenhausen in eine ruhige Straße, wo ich das Einparken üben wollte. Als ich mich nun langsam in eine Lücke hineinquälen wollte, schrien plötzlich Kinder vom Gartenzaun einer Villa aus: »Mama, dein Auto ist kaputt!« Daraufhin kam eine Dame herausgestürzt und rief: »Um Gottes willen, mein Auto . . .!« Ich hatte den Wagen hinter mir etwas angestoßen.

Diese amerikanischen Autos besaßen ja Stoßstangen wie Panzer, und so war das betreffende Fahrzeug, das ich etwas »zusammengeschoben« hatte, auch um ein entsprechendes Stück kürzer geworden. Es stellte sich dann schnell heraus, daß die zu Recht erregte Dame Frau Steinhauser vom Teppichhaus Steinhauser war!

Mit den Erinnerungen an meinen Cadillac sind die wunderbarsten Erlebnisse verknüpft. Nach all den Jahren der Entbehrungen waren Mama und ich endlich mobil und konnten wieder reisen. So fuhren wir an die Orte, die wir liebten und von früher her kannten, nach Venedig, nach Rom – was für ein Gefühl des Glücks, wenn nach durchfahrener Nacht die Ewige Stadt im Morgenlicht erwachte und sich einem öffnete ...

Im Laufe der Zeit veränderte sich das Verhältnis zu den »Amischlitten«; unser Wagen bekam plötzlich einen Touch in eine Richtung, die uns nicht lag und die auch nicht zum Geschäft paßte. Nachdem ich aber auch beim Auto sparen und nicht jährlich in ein neues investieren wollte, dachten wir an einen Rolls-Royce. Diesen Wagen fährt man ein Leben lang, und er gewinnt auch noch an Wert – wo gibt es so etwas noch!

Mit diesem Gedanken fuhren Mama und ich nach London, wo wir im Hilton Park-Lane wohnten. Auf den Straßen sahen wir in Mengen die schönsten Rolls-Royces, und wir beschlossen endgültig, uns auch so einen Wagen zuzulegen.

Das war die Geburtsstunde unseres Silver Shadows I, den wir von London nach München überführen ließen. Unsere Freude bei der Ankunft des Wagens war dann aber doch etwas getrübt, denn nun hieß es Abschied nehmen von unserem geliebten Cadillac, der so etwas wie ein Familienmitglied geworden war. Wir haben ja mit unseren Autos immer gesprochen, haben sie gestreichelt, für uns waren es immer Wesen mit einer Seele. Aber unser Geschäft war noch zu jung, um zwei so große Wagen unterhalten zu können. Verkaufen wollten wir den Cadillac aber auch nicht; es wäre uns unerträglich gewesen, jemanden Fremden diesen Wagen fahren zu sehen. Mama war deshalb der Ansicht, dieser Wagen müsse beerdigt werden, wie es sich schließlich für ein Familienmitglied gehört. Davon wollte ich zwar nichts wissen, doch als ich von einer Geschäftsreise zurückkam, war der Cadillac nicht mehr da. Auf meine ahnungsvolle Frage hin gestand mir Mama, daß sie den Wagen hatte beisetzen lassen, wie im richtigen Leben mit Blumen geschmückt und allem Drum und Dran. Mama hatte sich gedacht, daß dies auch mehr in meinem Sinne sei als das Ende des Wagens auf einem Schrottplatz. Alle unsere Erinnerungen und Erlebnisse behielten wir damit für uns und mußten sie mit niemandem teilen. Den Ort dieser Beisetzung habe ich nie erfahren.

Erst danach konnten wir uns allmählich an unserem schönen,

neuen und wunderbaren Rolls-Royce erfreuen und uns an ihn gewöhnen.

Mamas und meine Devise war stets, allen Einsatz und alle Arbeitsfreude unserem Geschäft zugute kommen zu lassen, und so konnte der Erfolg ja nicht ausbleiben. Wir setzten uns zum Ziel, jeden modischen Wunsch, und sei er noch so ausgefallen, zu erfüllen. Und wenn die Lösung im Moment nicht greifbar war, galt es, sie zu organisieren.

Einmal trug ich eine von meiner Freundin genähte außergewöhnliche Trachtenjacke aus wertvollem grünen Tuch und lauter Silbertalern als Knöpfen. Ein Kunde, der sich im Laden aufhielt, fand Gefallen an meiner Jacke und erkundigte sich nach ihr. Ich erklärte ihm, daß dies eine Maßjacke sei, und kurz entschlossen bestellte er sie. Das Problem war allerdings, daß wir zu dieser Zeit noch gar kein Maßatelier besaßen, was unser Kunde natürlich nicht wußte. Dieser Anstoß führte zur Geburtsstunde unseres Ateliers.

Die heutigen Räume waren damals noch nicht vorhanden, aber im Hof unseres Geschäfts gab es eine unbenutzte Garage. Diese wurde nun mit einer alten Tischtennisplatte zum Zuschneiden sowie rotem Sisal am Boden zum Atelier erhoben. An den Fenstern hingen wir Vorhänge aus gelb gefärbtem Rupfen auf und verhalfen damit unserem neuen Atelier zu etwas Atmosphäre – zudem war dies in der Kürze der Zeit die billigste Lösung.

Nun mußten per Inserat Schneider und Zuschneider gesucht werden, und wir hatten allerhand Gewissensbisse, wenn es darum ging, dem neuen Personal unser »Atelier« zu zeigen . . .

37 Mit Franz-Josef Strauß, Birgit Bergen…

38 …und Hans Opel mit meiner Jugendfreundin Angie

39 *Im Humpelmayr: Mit unserem geliebten H.-F. Beckmann und seinem Monilein*

40 *Aufnahmen zu meinem ersten großen TV-Film – hoch über den Dächern von München*

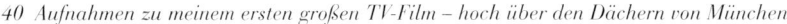

41 *Die Schöne – Modell RM*

42 Mit Josephine Baker in Garmisch – eine Aufnahme von Mama

43 Bei einem Festakt in der Residenz zu München: Mit Gisela Bree, Heinz Oestergaard, Max Dietl

44 *Mama – in großer Verehrung für Roy Black. Wir entwarfen seine Bühnengarderobe.*
45 *Fasching mit Ulli Forster*
46 *Mit Mama und Ina. Silvester im Maxim's, Paris*

47 *Vor unserem ersten Rolls-Royce in der Maximilianstraße*
48 *Mit Herrn Czakert vom Autohaus König*

Gegenüberliegende Seite: ▷
49 *Unser venezianisches Tor aus dem 18. Jahrhundert in der Moshammer-Passage*

50 *Mama und Maria Josepha Prinzessin von*   51 *Mama und Ingrid Kreuder*
Sachsen

52 *Großer Empfang im Schloß Schönbrunn bei Wien anläßlich einer Modenschau von Prof.*
Fred Adlmüller

53 Mit Margot!

Folgende Doppelseite: ▷▷
*55 Bei einem Galadiner im
Königshof. V.l.n.r.: Petra
Schürmann, Dunja Siegel,
Dr. Antje Kühnemann*

*54 Mit Leopold Prinz von
Bayern und Prinzessin Ursula. Ihre Hochzeitsgarderobe
wurde von uns gefertigt.*

56 *Alfred Liegl, Konsul von Monaco*

57 *Baronin von Stengel geb. Thyssen*

58 *Privat bei Roberto Blanco: Mama mit*
Caterina Valente…

59 *Mit Marion und Rex Gildo*

60 *…und mit dem Gastgeber, seiner Frau Mireille und seinem Vater*

61 *Mit Arnold Schwarzenegger, der Mama sehr verehrte, bei der Anprobe*

62 *José Carreras bei einer Anprobe. Mama nahm großen Anteil an der Krankheit des weltbekannten Tenors.*

63 *Mit Thommy und Thea Gottschalk privat in der Hundskugel*

64 *Mit Ralph Siegel, der Mama ein Ständchen bringt, und Dr. Antje Kühnemann*

Rom – Monaco – Cannes

Es kam der Tag, an dem wir das überraschende Angebot erhielten, in Roms feinster Einkaufsstraße, der Via Condotti, ein Geschäft zu eröffnen. Das war natürlich ein verlockendes Angebot, kam es doch in einer Zeit, in der viele deutsche Firmen im Ausland Filialen eröffneten. Wenn man erfolgreich war, gehörte es einfach zum guten Ton, in den Weltstädten vertreten zu sein. Auch hatte zu dieser Zeit das Münchner Unternehmen Etienne Aigner mit großem Aufwand in Rom, ebenfalls in der Via Condotti, eine Filiale eröffnet, was schon zur Nachahmung reizte.

Also reisten wir mit unserer ersten Verkäuferin, meinem Sekretär und dem Chauffeur nach Rom und setzten uns gegenüber der Via Condotti auf die Spanische Treppe, um erst einmal die Szene zu betrachten. Wir wollten herausfinden, ob die Menschen hier überhaupt als unsere Kundschaft in Frage kämen, ob sie vom Stil und Niveau her meine Mode tragen würden.

Auf einmal ging ein unglaublich elegantes Paar an uns vorbei. Sie war in zimtfarbenes Cashmere gehüllt, die Stiefel,

Handschuhe und der Hut waren passend dazu abgestimmt, er war ebenfalls eine sehr gepflegte Erscheinung, und an der Leine führten die beiden einen Dalmatiner. Das war ein Bild wie aus einem Fellini-Film, und alle waren wir uns spontan einig, daß so unsere Kunden in Rom aussehen mußten, dieses Paar hätten wir für unser Geschäft bestimmt schon gewonnen. So testeten wir noch ein paar Stunden weiter, am nächsten Tag ging es zurück nach München.

Nur wenige Tage später öffnete sich eines Mittags die Geschäftstür, und unser Paar aus Rom trat ein! Wir staunten nicht schlecht über diesen Besuch, und ich erzählte auch sofort von der Geschichte an der Spanischen Treppe. Die beiden stellten sich als François und Doris vor, sie lebten in Südfrankreich in Juan-les-Pins, wo sie ein Luxushotel besaßen. Nach Rom waren sie geflogen, um einzukaufen, hatten aber nichts gefunden. Und nun waren sie nur wegen meines Geschäfts nach München weitergeflogen und kauften eine ganze Kollektion ein.

Aus diesem ersten Besuch entwickelte sich eine langjährige Freundschaft. Mama und ich waren oft in dem wunderschönen und exklusiven Hotel, und gemeinsam mit ihnen wurden wir dann auch einmal von Gracia Patricia und Rainier von Monaco nach Monte Carlo auf einen Ball eingeladen. Ich hatte für Doris und François die Balltoilette entworfen, und wir alle freuten uns sehr auf diesen Abend.

Damals hatte ich eine gute Freundin, die Ina hieß. Sie war

ein schönes Mädchen mit langen blonden Haaren und einem ganz reizenden, aufgeweckten und freundlichen Wesen. Ich war fasziniert von ihr und auch ein wenig verliebt. Wir kannten uns ein paar Jahre und hatten wunderbare Momente miteinander verlebt. Mit Mama und Ina fuhr ich also in freudiger Erwartung des abendlichen Balles nach Juan-les-Pins zu unseren Freunden Doris und François. Als wir nach der langen Fahrt im Hotel ankamen, wollte Ina sofort zum Friseur, und zwar in meiner Begleitung. Ich sollte ihr unbedingt zu einer Frisur für den Abend raten, war selbst aber viel zu müde und wollte mich eigentlich nur ausruhen. Also sagte ich zu Ina: »Du weißt doch, wie ich deine Haare mag, am liebsten nur klassisch hochgesteckt. Das sagst du auch dem Friseur, der wird das dann schon richtig machen.«

»Nein, du mußt unbedingt mitgehen, das wird sonst nichts.« Ein Wort gab das andere, aber ich war einfach nicht zu überreden, und Ina ging doch alleine.

Kurz darauf rief sie vom Friseur aus an: »Rudolph, bitte komm unbedingt, wir kommen ohne dich nicht weiter, du mußt uns helfen!«

Nun, so bin ich also doch aufgestanden und hingefahren. Beim Friseur angekommen, wurde mir aber schnell klar, daß ich nur angefordert worden war, um die Rechnung zu bezahlen. Das war der Grund und nicht die Frisur, denn Ina stand schon fix und fertig und wunderschön da, mein Ratschlag wurde bestimmt nicht mehr gebraucht!

Am Abend waren wir drei dann bei Doris und François im Hotel zum Cocktail eingeladen. Und ehe man sich's versah – man hörte es buchstäblich knistern – hatte sich Ina in François verliebt! Zu mir sagte sie ständig: »Rudolph, geh doch mal beiseite, ich kann ja deinen hübschen Freund gar nicht sehen.« Auf Doris nahm sie ebenfalls keine Rücksicht, so Feuer und Flamme war sie. Für Mama und mich war das alles natürlich schrecklich unangenehm.

So fiel ich aus allen Wolken, als ich Doris, die anscheinend noch immer nichts bemerkt hatte, sagen hörte: »Ina, ich mag Sie ja so gern, ich möchte unbedingt ›du‹ zu Ihnen sagen dürfen. Weißt du, eigentlich habe ich ja gar keine richtige Freundin, wie schön wäre es doch, wenn wir dich am Wochenende ab und zu einladen dürften!«

Ich dachte mir nur, ja was redet Doris denn da, merkt sie denn nicht, was hier vor sich geht? An Doris' Stelle hätte ich Ina sofort zurechtgestutzt und ihr klargemacht, daß sie die Finger von François lassen solle. Ich versuchte auch, Ina das zu sagen, aber sie war einfach nicht zu bremsen.

Abends auf dem Ball verliebte sich zu allem Überfluß François dann in Ina, und das Unglück nahm seinen Lauf...

In der Zeit nach dem Ball hatten wir uns erst mal aus den Augen verloren, weil mir die ganze Angelegenheit so unangenehm war, bis ich eines Tages von François erfuhr, daß Doris schwer erkrankt und mit gebrochenem Herzen in einer Klinik lag. Zu meiner großen Erleichterung kam François daraufhin wieder zu sich und fand zu Doris zurück.

Nach einiger Zeit war ich wieder einmal in Cannes und fuhr auf der Croisette, als ein großer Mercedes hupend auf sich aufmerksam machte und eine gepflegte Dame mir zuwinkte. Erst dachte ich an einen Irrtum, dann aber erkannte ich Doris. Sie folgte mir bis ins Carlton, wo sie mich zu meinem Erstaunen heftig begrüßte und zum Abendessen in ihr Hotel einlud. Nun war ich aber mit vielen Freunden in Cannes und wollte diese Einladung eigentlich nicht annehmen. Doch Doris meinte nur: »Deine Freunde sind auch meine Freunde, ihr kommt eben alle zusammen.«

Es war ein wunderschöner, warmer Sommerabend in Juanles-Pins, die Palmen vor dem Hotel waren beleuchtet, und unter dem freien Himmel war eine prachtvolle, festliche Tafel gedeckt, geschmückt mit brennenden Kerzen und üppigen Blumengebinden. Die Damen in schönster Garderobe waren in Begleitung eleganter Herren, und die Küche dieses exklusiven Hotels verwöhnte unsere Gaumen in bester französischer Manier.

Ich saß neben Doris und sagte angesichts der Fülle der Speisen zu ihr: »Ach Doris, ich weiß gar nicht, was ich essen soll! Da antwortete sie mir: »Na ja, wenn ich dich so ansehe, ist es wohl besser, du ißt gar nichts, du bist ja so dick und so fett geworden...!« Bumm, das saß! Du liebe Zeit, dachte ich bei mir, das war aber heftig – aber ich nahm es von der lustigen Seite, es war ja nur ein Spaß.

Meine Schulfreundin Angie war mit Herrn Opel auch dabei. Angie trug – ich kann mich gut erinnern – ein wunderschönes, duftiges Chiffonkleid in Plissee samt Hut und den passenden Handschuhen, darüber hatte sie einen dreiviertellangen Mantel im gleichen Stil gelegt.

»Frau Opel, das ist ja so chick, was Sie da tragen, das kann man ja nirgends kaufen, wo haben Sie das denn machen lassen?« fragte Doris.

»Wissen Sie, ich reise nur mit meinem Modeschöpfer, das macht alles der Rudolph!«

Daraufhin Doris: »Also, wenn ich das gewußt hätte, hätte ich gar nicht erst gefragt!«

Das war nun wirklich ein deutlicher Angriff auf mich, und so stellte ich Doris zur Rede. Da erhob sie sich und sagte zu mir: »Rudolph, wir haben dich nur eingeladen, um dir zu sagen, daß wir dich hassen! Du hast unser Leben verändert, du hast dir nicht überlegt, wen du in unser Haus bringst und wer unsere Freundschaft wert ist – wie konntest du uns das antun?!«

Ich konnte für das Geschehene nun wirklich nichts, und doch verstand ich Doris – zu vieles hat sie wegen Ina durchmachen müssen. Das Ganze war eine Szene wie aus einer Seifenoper, nur daß mir in diesem Moment überhaupt nicht zum Lachen war.

Retten konnte man da nichts mehr. Zusammen mit meinen Freunden verließ ich die Gesellschaft noch während des

Essens. Diese Begebenheit hat zu einem Bruch in unserer Freundschaft geführt, der lange Zeit anhalten sollte.

Jahre danach ging ich zu unserer Filiale im Bayerischen Hof, um nach dem Rechten zu sehen, und wen traf ich dort – François und Doris. Sie hatten schon öfter dort eingekauft, doch wegen der unguten Stimmung zwischen uns nicht den Mut besessen, auch mein Geschäft in der Maximilianstraße zu besuchen. Diese unverhoffte Begegnung aber war doch wieder ein Anfang für eine neue, bis heute anhaltende große Freundschaft. Leider konnte Doris nur noch kurze Zeit daran teilhaben, sie starb kurz darauf an Krebs. Niemand außer ihr hatte von der Krankheit gewußt, auch François erfuhr erst zwei Wochen vor Doris' Tod von ihr.

Karfreitag und Ostern waren für Mama und mich immer eine ganz besondere Zeit. Jedes Jahr waren wir Karfreitag zum Diner bei Sonja Carpentier in Cannes eingeladen. Sonja war eine höchst elegante Dame, die den großartigen, inzwischen leider verschwundenen eleganten Lebensstil der Côte d'Azur verkörperte. Sie bewohnte ein herrliches Schlößchen oberhalb von Cannes, wurde von marokkanischen Dienern umsorgt, und wenn sie ausfuhr, dann nur in ihrem goldfarbenen Rolls-Royce und in Begleitung ihres Pekinesen. Und so waren selbstverständlich auch ihre Einladungen immer ein Traum von erlesenster Eleganz und Schönheit.

Für das Diner lud Sonja ihre Freunde in den Palast ihrer

Eltern. Für uns war es jedesmal aufs neue eine große Freu-
de und Ehre, in solch einem wunderschönen und feudalen
Anwesen an der Côte d'Azur zusammen mit handverlesenen
Gästen zu dem traditionellen Diner eingeladen zu sein.

Einmal, es war wieder Karfreitag, hatte unser Flug von München nach Nizza eine so große Verspätung, daß Mama und
ich es nicht mehr schafften, rechtzeitig bei Sonja einzutref-
fen. Das war uns natürlich sehr unangenehm, schließlich
handelte es sich um eine gesetzte Tafel, und wir brachten nun
die von Sonja so sorgfältig arrangierte Tischordnung durcheinander.

Als wir also endlich gelandet waren, hatte das Diner bei Sonja längst begonnen. Noch vom Flughafen aus riefen wir Sonja an, um uns für die Verspätung zu entschuldigen und ihr
gleichzeitig die Sorge um unser Fernbleiben zu nehmen. Am
Telefon meldete sich Sonja bereits mit aufgeregter Stimme –
wir dachten erst, es sei wegen uns, aber weit gefehlt –, wie
wir zu unserem großen Schrecken erfahren sollten, war der
Grund für Sonjas Aufregung ein ganz anderer. Mit hastigen
Worten erzählte sie uns, daß die ganze Karfreitagsgesell-
schaft während des Diners überfallen und ausgeraubt worden
war! Wir mußten Sonja am Telefon erst einmal beruhigen,
um dann zu erfahren, was sich ereignet hatte. Maskierte und
bewaffnete Männer waren in den elterlichen Palast einge-
drungen und hatten die Gäste und das Personal bedroht. Die
Damen waren gezwungen worden, sämtliche Juwelen her-

zugeben, und die Männer waren um ihre Barschaft und alles, was sich sonst noch lohnte, erleichtert worden.

Zuerst reagierten wir verständlicherweise mit Entsetzen, aber dann dankten wir doch dem glücklichen Zufall, der Mama und mich diesem Verbrechen hatte entgehen lassen. Wer weiß, was sonst noch hätte passieren können, vor allem aber Mamas Juwelen wären für die Räuber eine lohnende Beute gewesen!

»Kleider auf die Seele schneidern« – Unsere Kunden

Wir freuten uns unglaublich, als sich hoher Besuch anmeldete und Carl Gustav König von Schweden mit seiner Mutter unser Geschäft betrat, um Leder- und Cashmerejacken fertigen zu lassen. Die Mutter blieb bis zu ihrem Tod unsere Kundin, und Carl Gustav ließ sich in den Jahren seiner Besuche sogar dazu bewegen, sich in unser Gästebuch einzutragen.

Einmal besuchte uns auch ein Prinz der Vereinigten Arabischen Emirate und fuhr mit seinem Troß – darunter sechs Rolls-Royces, 2 Bentleys und Ferraris – vor, so daß die Maximilianstraße wieder einmal blockiert war. Unser gesamtes Personal rannte mit Stoffballen nach draußen, damit der Prinz die zu seinem Wagen passenden Farben für seine Anzüge aussuchen konnte.

Arnold Schwarzenegger, der in all den Jahren zu unserem Freund wurde, ließ seine Trachten sowie seine amerikanische Partymode bei uns fertigen.

Gut erinnere ich mich daran, wie der Staatspräsident von Togo zu uns kam, auch aus diesem Anlaß mußte die Maximilianstraße gesperrt werden. Ein Aufgebot von Polizei und Sicherheitsbeamten sorgte für einen Menschenauflauf, und selbst wir durften den Präsidenten nur mit einem Sicherheitsabstand von zwei Metern bedienen.

So finden sich unter den berühmten Namen der Großen dieser Welt, die wir im Laufe der Jahre bedienen durften, auch die Filmstars Charlton Heston und Hildegard Knef, die Dirigenten Leonard Bernstein und Joseph Patané, Toni Curtis, der seine erworbenen Kleidungsstücke sogleich zeichnerisch in unserem Gästebuch verewigte, Jeanne Moreau, die bei uns ihre großen Abendroben fertigen ließ, Roger Whittaker – ihm arbeiteten wir seine Europa- und USA-Kollektion –, der Startenor José Carreras, Alfonso Prinz zu Hohenlohe, die Las Vegas-Magier Siegfried und Roy, Dagmar Koller, der große Heinz Rühmann, Harry Belafonte, der Japanische Großmeister im Sumoringen, Ono Kuni, die Familie Romanoff, der Sultan von Pahang/Malaysia, Ahmad Shah, und der damalige Kronprinz von Saudi-Arabien, Abdullraham Bin Abdulasis, der uns bei seinen Besuchen auch ziemlich in Trab hielt:

Der Prinz pflegte bei seinen Besuchen in München im Hotel Vier Jahreszeiten gleich für mehrere Wochen ein paar Etagen für sich, seinen Harem und sein Gefolge zu belegen. Wir mußten dann immer mit den Schneidern und Stoffen zum

Hotel, das ja dem Geschäft vis-à-vis liegt, hinüberlaufen, um die Anproben vorzunehmen.

Des öfteren bat mich der Prinz, zum Tee zu bleiben, was jedesmal einem russischen Roulett gleichkam, denn der Prinz hatte seinen Vorkoster, wir jedoch nicht . . .

Einmal wurden wir von einem Mitarbeiter des königlichen Gefolges versehentlich in die falsche Etage geleitet, es war die Etage der Frauen des Prinzen. Die Aufregung war dementsprechend, durfte doch nur der Prinz die Gemächer seiner Gattinnen betreten. Wir sahen nur noch fliehende Gestalten und fliegende Gewänder, dann waren die Flure leergefegt. Der säumige Mitarbeiter wurde auf der Stelle entlassen.

Viele unserer Kunden kamen auch nur, um Mama zu sehen, zu bewundern und einfach einmal zu erleben. Oft kauften sie lediglich eine Kleinigkeit, um darüber mit ihr ins Gespräch zu kommen. Vor allem die Damen bestaunten Mamas Frisur und wollten sich natürlich von deren Echtheit überzeugen. Auch Mamas wunderbare Juwelen waren stets ein Gesprächsthema. Mama gab auch gerne Auskunft und machte Konversation.

Ein deutsches Nachrichtenmagazin schrieb einmal über Mama, daß ihre gebeugte Haltung nicht etwa vom Alter herrühre, sondern von dem Gewicht der Juwelen . . .

Überhaupt genoß es Mama in ihrer bescheidenen Art, wenn sich die Aufmerksamkeit der Menschen auf sie richtete. Jedesmal, wenn wir abends um sechs gemeinsam das Geschäft verließen, um unseren bereits wartenden Wagen zu besteigen, stand ein schaulustiges Publikum vor unserem Laden, winkte, fotografierte und filmte, und Mama winkte zurück und warf den Leuten aus dem Fond des davonrollenden Wagens Kußhändchen zu. Obwohl sie sich in den letzten Jahren mit dem Gehen manchmal schwer tat, sagte sie oft: »Oh, die Leute sehen zu, jetzt muß ich mich aber anstrengen!« – und marschierte aufrecht durch die Reihen. Ihre Disziplin ließ es nicht zu, sich etwas von den Schmerzen in ihren Beinen anmerken zu lassen.

Professor Peter Kreuder ist als Komponist unzähliger Lieder von Marlene Dietrich und Zarah Leander bekannt, die Texte dazu schrieb meistens Hans-Fritz Beckmann. So blieb es nicht aus, daß auch Peter Kreuder eines Tages bei uns im Geschäft erschien und für sich und seine Frau Ingrid arbeiten lassen wollte. Die beiden waren Gäste auf der Jungfernfahrt der »MS Europa«, auf der Kreuder auch auftreten sollte, und benötigten dazu natürlich die entsprechende Garderobe. Wir waren geehrt und stolz, für diesen Anlaß die Kleidung anfertigen zu dürfen. Es handelte sich ja auch nicht nur um einen Anzug, sondern um eine Vielzahl von Modellen, angefangen vom Freizeitanzug über verschiedene Dinnerjackets bis zur Bühnengarderobe. Und für Ingrid Kreuder fertigten wir die schönsten und aufwendigsten Abendkleider.

Nun waren wir damals, in unseren ersten Geschäftsjahren, finanziell noch nicht so kräftig, und deshalb war ich etwas in Sorge um die Bezahlung dieses großen Auftrags, der sich auf über 100 000 DM belief, und das war vor über zwanzig Jahren doch eine enorme Summe. Ich sprach also Professor Kreuder darauf an, ob er nicht einen Teil anzahlen könne. Da meinte er, das sei doch überhaupt kein Problem, es würde alles über das Bankhaus Brunner in Luzern geregelt werden, Herr Brunner wolle sowieso in den nächsten Tagen vorbeikommen und sich vorstellen. Derart beruhigt fingen wir also mit der Arbeit an. Professor Kreuder und seine Frau Ingrid wurden von Anprobe zu Anprobe glücklicher, strahlten, fühlten sich elegant, schön, immer jünger und wurden des Lobes nicht voll. Uns machte das natürlich auch eine ungeheure Freude, hatten wir doch das erreicht, was bis heute meine Philosophie geblieben ist.

Diese Stelle scheint mir geeignet zu sein, meine Arbeits- und Lebensphilosophie näher zu erläutern: Viele meiner Kunden suchten mein Geschäft auf, nachdem sie sich ein Leben lang der Arbeit gewidmet und nicht wirklich gelebt hatten. Sie hatten viele schöne Momente im Leben an sich vorbeiziehen lassen und nicht erkannt, wie viele Stunden der Lebensfreude sie hätten genießen können. Ihre Häuser waren in einem unrenovierten Zustand und boten kein geborgenes Zuhause, sie gönnten sich nichts und waren von einer Sparsamkeit, die oftmals schon an Geiz grenzte. Manches haben diese Menschen versäumt, obwohl ihnen die Früchte ihrer Arbeit manchen Luxus erlaubt hätten. Irgendwann gerieten sie dann an einen Punkt, an dem ihnen die Augen geöffnet wurden. Sei es, daß das Unternehmen den Nachfolgern übergeben wurde und sie mit einem Mal viel Zeit für sich und ihre Gedanken hatten, sei es, daß sie mit einem Mal erkannten, wie jüngere, durchaus erfolgreiche Menschen, ihr Leben trotz der Arbeit zu gestalten verstanden. Menschen, die zu ihrem redlich und unter Entbehrungen geschaffenen Vermögen stehen, und die auch nicht gewillt sind, wegen einer Handvoll Neider, die es selbst im Leben nicht weit gebracht haben, mit ihrer Lebensweise hinter dem Berg zu halten.

Dieser Moment der Erkenntnis ist schwerwiegend, und meist soll dann die vergangene Zeit nachgeholt werden. Wenn ein solcher Kunde mein Geschäft betritt und meine Beratung sucht, so ist es immer von einem besonderen Reiz, mitzuerleben, wie dieser Mensch sich durch meine Garderobe innerlich und äußerlich verjüngt, wie er das Gefühl hat, verlorene Jahre nachzuholen und mit der Kleidung, die ich ihm auf die Seele zu schneidern versuche, ein neues, ungekanntes Lebensgefühl gewinnt.

Nun leben wir heute in einer Zeit der weltweiten Wirtschaftskrise, das Geld ist allenthalben knapp geworden. Vor allem die hochpreisige Luxusbranche ist empfindlich davon betroffen. Aber der Kunde, der erkannt hat, daß es zwar spät, aber nicht zu spät ist, sich nach einem arbeits- und entbehrungsreichen Leben etwas zu gönnen, tut dies in jedem Fall, gleichgültig, ob das erarbeitete Vermögen noch Erträge abwirft oder nicht. Und wenn es mir dann gelingt, diesem Kunden zu einem neuen Lebensgefühl zu verhelfen, ihm vielleicht einfach Träume zu verkaufen, dann glaube ich, erreicht zu haben, was ich mir als Modeschöpfer zur Aufgabe gemacht habe.

Wenn ich nun an das Ehepaar Kreuder zurückdenke, so sind auch sie eine Bestätigung meines Tuns. Die Kreuders waren so überwältigt von unserer Arbeit, daß sie als Dank dafür vor ihrer Abreise zu Mamas und meinen Ehren einen Abend in ihrer Villa in Waldtrudering gaben. Mama und ich waren begeistert und freuten uns ganz außerordentlich auf dieses Ereignis; es gab ein herrliches Kaviardiner. Als ob dies nicht genug gewesen wäre, überreichte er mir auch noch eine der fünf silbernen Peter-Kreuder-Medaillen, die ihm vom damaligen Bundespräsidenten zur weiteren Verleihung nach eigenem Gutdünken verliehen worden waren. Es war der Dank dafür, daß er und seine Frau sich in unserer Garderobe so glücklich und verjüngt fühlten.

Es wurde ein herrlicher Abend. Peter Kreuder saß am Klavier, spielte viele seiner Melodien und erzählte bei jeder einzelnen, aus welcher Inspiration heraus er sie komponiert hatte. Da entsprang zum Beispiel der Rhythmus eines Liedes den schwingenden Hüften der Brasilianerinnen in Rio, die Kreuder bei einer seiner Reisen einen bleibenden Eindruck

hinterlassen haben mußten... So war es ungemein witzig
und unterhaltsam, diesen vielen kleinen Geschichten aus seinem Munde zuzuhören.

Am nächsten Tag versandten wir die fertigen Modelle nach
Hamburg, von wo aus die Jungfernfahrt der »MS Europa«
starten sollte. Mein letzter Satz an Peter Kreuder war, ob ich
mich denn ohne weiteres an das Bankhaus Brunner wegen
der Regulierung der Rechnung wenden dürfte, was er mir
nochmals zusagte. Wir warteten jedoch erst einmal höflich eine gewisse Zeit, ob sich vielleicht von selbst etwas täte – aber
nichts geschah. Nach vierzehn Tagen faßte ich mir ein Herz,
rief in Luzern das Bankhaus Brunner an und erkundigte mich
nach der überfälligen Überweisung von Peter Kreuder an
mein Geschäft. Da erhielt ich die freundliche Auskunft, daß
die Bank nicht über das Konto verfügen könne, da von Herrn
Professor Kreuder keine entsprechende Anweisung vorläge.

Diese Nachricht traf uns wie ein Keulenschlag, und sofort
sandte ich ein Telegramm auf die »MS Europa«; ich wollte
von den Kreuders wissen, was nun geschehen soll. Aber keine Antwort kam, sie hüllten sich in Schweigen. Ich ließ aber
nicht locker und sandte eine wahre Flut von Telegrammen
auf die »MS Europa«, bis eines Tages Ingrid Kreuder aus Rio
de Janeiro anrief und uns beruhigte, es werde alles nach der
Rückkehr geregelt.

Also hieß es wieder: warten! Es dauerte eine ganze Weile, bis
die Kreuders von der Schiffsreise wieder zurückkamen, aber

als es dann soweit war, erschien Ingrid mit bitterer Miene in unserem Geschäft und überreichte mir tatsächlich einen Scheck über die verlangte Summe. Im Gegenzug verlangte sie jedoch die silberne Peter-Kreuder-Medaille zurück, was mir dann doch sehr zu Herzen ging.

Nun, wir haben uns daraufhin nicht mehr wiedergesehen, die Situation war einfach zu prekär, und das so herzliche Verhältnis war abrupt beendet.

Jahre später gaben wir eine Modenschau, und als die ersten Gäste erschienen Peter und Ingrid Kreuder! Auf einmal, im Verlaufe des Abends, erhob sich Peter Kreuder, nahm das Mikrophon und hielt eine Ansprache an die Gäste. Er erzählte von einer Situation, in der er einmal sehr viel Mut habe aufbringen müssen. Mut, ein Schiff zu besteigen, an Bord eine Show zu bestreiten, gewandet in die wunderbare Garderobe, die ihm ein bekannter Modeschöpfer eigens für diesen Anlaß gearbeitet habe, ohne auch nur einen Moment zu wissen, wie das alles bezahlt werden solle ... Heute bin ich beglückt, daß unsere Freundschaft diesen Vorfall doch überstanden hat und sich von da an bis an sein Lebensende noch weiter vertiefte. Noch heute lebe ich in herzlicher Verbundenheit mit seiner Witwe Ingrid. Und als ob es eine Fügung des Schicksals wäre, liegt die Grabstätte von Peter Kreuder nur wenige Schritte neben dem Mausoleum von Mama, was die Boulevardpresse mit der Schlagzeile kommentierte: Im Himmel sind sie vereint.

Margot war Primaballerina an der Münchner Staatsoper. Ich hatte die Gelegenheit, anläßlich einer Ballettpremiere diese imposante, ausdrucksstarke Persönlichkeit und Könnerin ihres Faches kennenzulernen.

Für meinen Geschmack entsprach Margot eigentlich nie dem Bild der klassischen Tänzerin, dafür war sie einfach zu groß – imposant eben – und hatte nicht dieses elfenhafte Wesen. Viel später, als Margot nicht mehr tanzte, sondern sich dem Chanson zugewandt hatte, war ich zur Premiere einer ihrer großartigen Shows ins Cuvilliés-Theater eingeladen. Ich saß in der ersten Reihe inmitten prominenter Premierengäste, der Vorhang war noch zu, und ich dachte so darüber nach, was ich mit Margot schon alles erlebt hatte.

Irgendwie kamen meine Gedanken auf Margots Figur, und ich dachte so auf gut münchnerisch bei mir: Eigentlich ist sie schon ganz gut beieinander, einen Hintern hat sie – grad wie ein Haflinger! In diesem Augenblick hob sich der Vorhang, und das einzige, was auf der Bühne von Margot zu sehen war – war ihr Hinterteil, angestrahlt von einem Scheinwerfer! Diese Situation war so komisch, daß ich nicht mehr an mich halten konnte und zur nicht geringen Verblüffung der erlauchten Gesellschaft vor Lachen beinahe vom Sitz gefallen wäre.

Aber zurück zum Anfang. Ich hatte schon damals einen recht guten Kontakt zu den Medien, und als Margot und ich uns nun schon länger kannten, bat sie mich, sie doch auch einmal zu so einem Anlaß, an dem die Medien anwesend waren, mitzunehmen. Das Ballett wurde damals von Presse und Fernsehen noch ziemlich stiefmütterlich behandelt, es gab lediglich eine Fachpresse, die sich aber auch nur an die Insider wandte.

Nun waren Mama und ich bei dem Produzenten des Abendstudios im Bayerischen Fernsehen, Dieter Wahl, zu einem Abendessen eingeladen, und als meine Begleitung nahm ich Margot mit. Kurz vor dem besagten Abend rief Margot an und fragte: »Rudi, macht es was aus, wenn ich Heinz auch mitbringe?« Mit Heinz war Heinz Bosl gemeint, er war ebenfalls Solist des Balletts und dort Margots Partner.

Heinz war ein guter Freund von uns und eine Art Institution unseres Geschäfts. Auf dem Weg zu seinen Proben kam er immer bei uns vorbei, begrüßte uns und plauderte mit Mama, die er sehr verehrte.

Einmal saßen wir mit dem erschöpften Heinz nach einer großen Premiere in den »Torggelstuben« und feierten seinen Erfolg. Heinz war zu diesem Zeitpunkt schon eine Berühmtheit, und entsprechend wurde er von enthusiastischen Autogrammjägern verfolgt. Das war auch an diesem Abend so. Die Menschen kamen an unseren Tisch und fragten nach Heinz Bosl, doch er war von der überstandenen Premiere so abgezehrt, daß er selbst von seinen Fans oft nicht erkannt wurde.

Wenn Premieren anstanden, tauchte auch Margot bei uns auf

und war meist ganz bekümmert, weil sie glaubte, schon wieder zugenommen zu haben. Sie kaufte für Heinz, der ja mit ihr tanzte und sie auch heben mußte, zur Wiedergutmachung für diese Anstrengungen dann ein Hemd oder einen Schal. Sicherlich war auch eine echte Zuneigung Heinz gegenüber der Grund für diese Geschenke, aber darüber sprach Margot nicht.

So war also auch Heinz an besagtem Abend mit von der Partie. Alle zusammen fuhren wir nach Baldham zu unseren Gastgebern, wo wir auf das herzlichste empfangen wurden. Nach dem Aperitif wandte sich die Dame des Hauses mit den Worten an Margot und Heinz: »Es gibt Hammel, ich hoffe, Sie mögen das!« Ich blickte Margot an und sah schon das Entsetzen, das sich auf ihrem Gesicht abzeichnete. Margot mochte natürlich überhaupt keinen Hammel und Heinz auch nicht, schon die bloße Vorstellung war für die beiden unerträglich. Frau Wahl hatte auf Mamas und meinen Wunsch hin dieses Hammelgericht mit großer Sorgfalt zubereitet, von den Überraschungsgästen wußte sie ja bis zuletzt nichts. Die Aufregung war also groß, aber schließlich einigte man sich auf Würstchen, das ging schnell und schmeckte auch gut. So saßen alle zufrieden da, Mama und mir schmeckte es ganz vorzüglich, und wir genossen den Abend, als Margot plötzlich verkündete: »Also, das sieht ja so schön aus, was ihr da eßt, eigentlich möchte ich doch einmal davon probieren!« Heinz schloß sich Margot an, frische Teller wurden gereicht und den beiden wurde der Hammel serviert. Aber schon der erste Bissen blieb Margot im Halse stecken, Messer und Gabel flogen auf ihren Teller zurück, und Margot, die sich dadurch auszeichnet, ihre Gefühle lose, aber ehrlich auf der Zunge zu tragen, kommentierte ihren Geschmackseindruck mit den folgenden Worten: »Ja pfui Teufel, wie schmeckt denn das, ja um Gottes Willen, das krieg ich nie runter!« Auch Heinz war nicht sonderlich begeistert, und die ganze Aufregung ging wieder von vorne los.

Tja, aus heutiger Sicht muß ich sagen, daß dieser Abend mit Margot doch ganz vergnüglich und spannend war, wußte man doch nie, was als nächstes geschieht.

Auf der Rückfahrt nach Hause erzählte ich davon, daß unter der Leitung von Herrn Wahl ein Porträt von mir gedreht werden sollte. Dies war ursprünglich auch der Grund der Einladung gewesen, wir wollten uns über die Einzelheiten unterhalten. Aber mit der temperamentvollen Margot war das kaum möglich gewesen, sie hatte uns zu sehr in Atem gehalten. So war das einzige, worüber gesprochen worden war, die Idee, das Porträt auf dem Dach meines Geschäfts zu drehen, mit dem Blick über die Dächer und Türme der Stadt. Und an einen Schornstein gelehnt, sollte ich interviewt werden.

Tage danach erschien meine Freundin Margot ganz aufgeregt in unserem Geschäft und sagte: »Du, die vom Fernsehen machen jetzt ein Porträt von mir, und du hattest doch

diese fabelhafte Idee mit dem Dach – äh, kannst du mir nicht den Schlüssel geben, dann können wir da oben filmen!«
Ich war wie vom Donner gerührt. Nicht genug, daß mein Porträt zugunsten von Margot abgesagt worden war, nun verlangte sie auch noch von mir, daß ich ihr den Schlüssel fürs Dach geben sollte! Das habe ich dann nicht getan, und unsere Freundschaft war auf einen Schlag für Jahre unterbrochen. Wir haben uns daraufhin nicht mehr angeschaut und sind aneinander vorbeigegangen.
Szenenwechsel: Das Restaurant Humpelmayr eröffnete seinen Night-Club, den Paris-London-Club, und Mama und ich waren eingeladen. Viel Presse war anwesend, wie es bei einem solchen Anlaß üblich ist. Als sich bei unserer Ankunft die Objektive auf uns richteten, sah ich plötzlich Margot vor mir auf die Knie sinken und hörte sie in theatralischer Geste zu mir sagen: »Verzeih mir, verzeih mir doch bitte!« Ich war buchstäblich überrumpelt, wie konnte ich vor aller Augen einer so schönen Frau diese Bitte abschlagen? In Wirklichkeit hatten sich meine positiven Gefühle Margot gegenüber in all den Jahren nicht geändert. Die Sache mit dem Fernsehporträt hatte ich ihr ohnehin längst verziehen, kannte ich doch Margots Temperament nur zu gut. Ihr Elan und ihre Begeisterungsfähigkeit hatten einfach dazu geführt, daß ihr gar nicht bewußt war, wie sehr sie in diesem Moment einen guten Freund vor den Kopf stieß.
So haben wir wieder zusammengefunden und sind gute

Freunde. Ich bewundere Margot bis heute für ihre Leistung. Sie hat das erreicht, was nur wenigen gelingt. Nach dem Ende ihrer Ballettkarriere ist sie nicht in Vergessenheit geraten – ganz im Gegenteil: Sie hat sich mit ihren Shows und der unverwechselbaren Interpretation ihrer Chansons einen noch größeren Namen geschaffen.

Natürlich waren wir sehr stolz darauf, als der Star der damaligen Kultserie »Bonanza«, Lorne Greene, unser Geschäft betrat und sich von uns beraten ließ. Wir fertigten eine umfassende amerikanische Kollektion für ihn an.
Wie immer bei Männern solchen Zuschnitts, entspann sich zwischen Mama und Lorne ein herzliches, beinahe liebevolles Verhältnis. Mama liebte nun einmal große und stattliche Männer, an die sie sich anlehnen konnte, das war schon bei meinem Vater so gewesen. Umgekehrt löste sie mit ihrer kleinen und zierlichen Erscheinung bei den Männern offenbar Beschützerinstinkte aus.
Mama sagte immer: »Also, wenn ich nochmals heirate, dann den Lorne Greene.« – Nun, daß daraus nichts geworden ist, weiß man ja, aber dem herzlichen Kontakt tat das keinen Abbruch.
Wenn Lorne in München war, dann gingen wir immer zusammen aus, was angesichts seines enormen Bekanntheitsgrads jedesmal zur Nervenprobe wurde. Überall wurde er von Menschenmassen umringt und angestarrt. Ein Lokal, das wir

besonders gerne mochten, war der »Käfig« in Schwabing. Dort gab es Livemusik, und Filmstars wie Horst Buchholz und Curd Jürgens gingen dort ein und aus, es war immer voll und was los. Wirklich ein absolutes »In-Lokal« zur damaligen Zeit, nur daß dieser Begriff damals noch nicht existierte.

Von Lorne hatten wir an solchen Abenden allerdings nicht viel. Unser Tisch war stets umlagert von Gästen, die Autogramme haben oder sich mit ihm fotografieren lassen wollten. Ein Spaß war es aber dennoch immer.

Moshammer für Arme

Die Disco »East-Side« war ein zur damaligen Zeit bekanntes Lokal am Rosenheimer Berg, Besitzer war Sergio Cosmai, ein berühmter Mann in der Disco-Szene.

Dort war ich gerne zu Gast, und weil ich noch nicht den heutigen Bekanntheitsgrad hatte, konnte ich unbehelligt an der Bar sitzen und mein Wasser trinken. Ich habe eigentlich immer nur Wasser getrunken, weil es mir am besten bekommt, und wo man mich kannte, hat man es mir dann immer wie einen Longdrink serviert, mit viel Eis und schön dekoriert.

Als ich wieder einmal im »East-Side« saß, kam ein junger Mann auf mich zu und sagte: »Entschuldigen Sie, wenn ich Sie anspreche, aber ein Freund und ich haben eine Wette abgeschlossen, woher Ihre elegante Garderobe stammen könnte.« Ich sagte nur trocken: »Na, dann raten Sie mal.« Da er mich nicht erkannt hatte, gab ich mich auch nicht zu erkennen.

»Na ja, ich dachte an Dietl, mein Freund tippt auf Moshammer, aber ich sagte, daß er sich das wohl nicht leisten könne.«

Ich hatte den jungen Mann noch ein bißchen zappeln lassen, öffnete schließlich mein Sakko, in dem »MOSHAMMER« zu lesen stand. Gleichermaßen auf meiner Krawatte, »MOS-HAMMER« auch auf dem Hosenbund, im Hemdkragen – kurz, meine ganze Garderobe stammte natürlich von mir.
Da entgegnete der Mann: »Sie werden staunen!« und zeigte nun seinerseits das Sakko – »MOSHAMMER«. Auch auf der Krawatte, dem Hemd, überall »MOSHAMMER«, jedes Kleidungsstück aus meinem Geschäft! Ich war wirklich erstaunt und rief: »Sie sind ja gut. Mir unterstellen Sie, mir »MOS-HAMMER« nicht leisten zu können, und Sie kleiden sich von Kopf bis Fuß darin! Da gestand er, daß er sich dies alles auch nicht leisten könne, wenn er nicht eine Quelle hätte, wo er die Stücke billiger bekäme.
Mir wurde langsam heiß, wo in aller Welt gab es denn noch meine Mode zu kaufen, zudem billiger? Da konnte etwas nicht mit rechten Dingen zugehen. Ich versuchte, mir von meiner Unruhe nichts anmerken zu lassen und lud den Fremden zu einem Drink ein, um ihn gesprächig zu machen. Logischerweise interessierte es mich brennend, woher meine Kleider stammten, wenn nicht aus meinem Geschäft. Da erzählte er mir, daß eine Bekannte von ihm in Rosenheim ein ganzes Lager voller Sakkos, Hemden, Krawatten, Schals und Pullis besäße, alles von »MOSHAMMER«.
Mein Herz schlug bis zum Hals, mir war, als müsse man es bis zur Tür hören! Ich redete mit Engelszungen auf diesen

Mann ein, um die Adresse dieses Lagers zu erfahren, gab vor, Vertreter zu sein, der immer gut gekleidet sein müsse, sich aber die kostspielige Moshammer-Mode auf Dauer auch nicht leisten könne. Schließlich, nach etlichen Versprechungen, mich erkenntlich zu zeigen, erfuhr ich unter dem Siegel der Verschwiegenheit die Adresse meiner »Filiale« in Rosenheim.

Es stellte sich schließlich heraus, daß der junge Mann Friseur in Rosenheim war. Diese Bekannte von ihm hatte einen Freund, der auch mir bekannt war. Er leitete meine Filiale im Montgelas-Palais am Promenadeplatz.

Ich hatte mich immer schon gewundert, daß dieser Filialleiter Tag für Tag, auch bei schönstem Wetter, mit einem riesigen karierten Golfschirm zur Arbeit erschien. Aber er meinte, das sei halt so seine Art und der Schirm so etwas wie ein modischer Talisman.

Tja, und mit Hilfe dieses Schirms wurden dann nach und nach meine Kleidungsstücke aus dem Laden gestohlen. Uns war der Fehlbestand zwar aufgefallen, aber wir mußten uns mit der Erklärung des Filialleiters zufriedengeben, daß bei dem regen Publikumsverkehr in meinem Geschäft – es war ja im Hotel Bayerischer Hof untergebracht – schon einmal etwas unbemerkt verschwinden könne, Geschäftsrisiko!

Ich konnte es kaum fassen, was sich aus meinem eher zufälligen Besuch im East-Side ergeben hatte und durch was für einen Zufall ich von diesem organisierten Diebstahl erfahren hatte. Wir erstatteten natürlich umgehend Strafanzeige, die Polizei nahm sich der Sache an, und das Lager in Rosenheim wurde ausgehoben.

Seelöwe »Mosi«

Hunter, der bereits erwähnte Gesellschaftskolumnist, hatte schon ganz zu Beginn meiner Karriere den Namen »Mosi« geprägt, wie es überhaupt in Bayern üblich ist, aus mehrsilbigen Nachnamen ein »offizielles« Kürzel zu kreieren. Niemand ist einem deswegen böse, es ist eher eine Sympathiebekundung, und so bin ich bis heute gerne der »Mosi«.

Eines Tages erschien ein Zeitungsbericht über den Münchner Zoo Hellabrunn, der damals unter dem Mangel litt, unter all den Tieren keinen Seelöwen zu besitzen. Bei dem Versuch, diesem Mangel abzuhelfen, war ein großes Unglück geschehen: Der Transport mit den Seelöwen, die ihr neues Quartier in Hellabrunn hätten beziehen sollen, war in einer Unterführung steckengeblieben. Das allein wäre nicht so schlimm gewesen, aber es war Sommer und ausgerechnet an diesem Tag unerträglich heiß, so daß die bedauernswerten Tiere in der Hitze elendig zugrunde gehen mußten.

Ganz München nahm an dieser Tragödie Anteil. Da hatte Mama den Einfall, eine Spendenaktion für neue Seelöwen ins Leben zu rufen. Wir wandten uns an die Großen der

Münchner Geschäftswelt, damit auch wirklich genug Geld zusammenkäme. Wie zu erwarten war, wurde unser Aufruf zum Erfolg. Das Bekleidungshaus Hirmer spendete einen Seelöwen mit dem Namen Hirmi, und von Moshammers gab es auch einen Seelöwen, den Mosi.

Die Seelöwen wurden mit Pauken und Trompeten im Tierpark getauft, es gab ein großes Essen und eine Ansprache vom Oberbürgermeister, kurz, der Einzug der Seelöwen in Hellabrunn wurde hochoffiziell begangen.

Als wir dann am Seelöwenbassin standen, hörten wir die Kinder durcheinander rufen: »Mama, wo ist denn nun der Mosi, welcher ist es denn?«. Mama und ich standen mittendrin, haben uns köstlich amüsiert und fanden, daß ich mit Mosi, bis auf den Schnurrbart, eigentlich sehr wenig Ähnlichkeit hätte.

Von Saphiren und ledigen Töchtern

Immer wieder kam es vor, daß mir von Kunden, die unserem Hause besonders zugetan waren, wertvolle Geschenke gemacht wurden:

Viele Jahre hatten wir für den Schah von Persien gearbeitet. So kam es, daß sein Leibarzt, Professor Cihail, der ihn ständig begleitete, uns zweimal im Jahr besuchte, um eine neue Sommer- und eine Wintergarderobe bei uns zu bestellen. Als der Professor wieder einmal bei uns zu Besuch war, überreichte er mir als Geschenk einen unglaublich schönen, großen und feurigen gelben Saphir, der in einen Ring gefaßt war. Gleichzeitig bat er mich, mir seine Tochter vorstellen zu dürfen. Neugierig wie ich bin, willigte ich ein und war gespannt auf die orientalische Schönheit, mit der ich offensichtlich mehr als nur bekannt gemacht werden sollte . . .

Mir war der Zweck des Geschenkes augenblicklich klar, als der Professor tags darauf mit seiner siebzehnjährigen Tochter in unserem Geschäft erschien. Offensichtlich stand die Größe des Saphirs im proportionalen Verhältnis zur Statur

65 *Mamas Geburtstagsdiner mit Dr. Peter Gauweiler*

66 *Vernissage mit Anneliese Grundig und Anneliese Fleyenschmidt*

67 *Mit blumengeschmückten Kutschen wurden die Gäste bei der Eröffnung meines Juwe-
lengeschäftes vorgefahren.*

Gegenüberliegende Seite: ▷
69 *Mein neues Silbergeschäft!…*

68 *…unter den Eröffnungsgästen: Konsul Herbert Styler*

70 Mit meiner besten Freundin Lo Sachs

71 Mama und ihre Schwester Emmy

72 *Mit Mama bei einer Aufnahme für Bruno Hauschs Prominenten-Kochbuch »Spaghet-*
tissimo«

Folgende Doppelseite: ▷▷
73 *Séparée, das hauptsächlich von unseren arabischen Kunden frequentiert wird*

74 Ein Geburtstag von Mama – sie liebte Seidendirndl und hatte mindestens 60 Stück davon

Gegenüberliegende Seite: ▷
76 Portrait aus den achtziger Jahren

75 Jenny überwacht das Telefon.

78 *Lenny ist von Mama begeistert!*

◁ ◁ *Vorhergehende Doppelseite:*
77 *Lenny Bernstein, mein Freund*

79 *Bei der Hochzeit von Carl Geisel im Königshof mit seiner Mutter, Hausherrin Helga Geisel*

80 *Vor der Theatinerkirche bei der Beisetzung von Max Dietl*

81 Privat: Mamas letzte Weihnacht 1992 in unserem so geliebten Haus…

82 …und an der festlichen Tafel mit ihrem Butler

83 Heiliger Abend 1992

84/85 Mama wollte immer gerne ein »Starmodel« sein!

86 *Der weiße Salon…*

87 *…unser Gartenidyll*

der Tochter – die Gute war von einem solchen Leibesumfang, daß sie nur mit Mühe durch die Ladentür paßte!

Nun, ich habe den Saphir der Tochter vorgezogen, sie fuhr mit ihrem Vater unverrichteter Dinge wieder in die Heimat zurück. Seit dem Putsch haben wir von Professor Cihail nichts mehr gehört. Auch Familienmitgliedern, die uns in Abständen anriefen und sich erkundigten, ob wir von dem Verbleib des Professors wüßten, konnten wir keine Auskunft geben. Wahrscheinlich wird ihn der Putsch das Leben gekostet haben. Und bis heute hängt noch eine ganze Kollektion in unseren Ateliers, sie wird wohl nie abgeholt werden.

Ein anderer Kunde von uns handelte mit Stradivari-Geigen. Er kam auf der Suche nach diesen kostbaren Stücken auf der ganzen Welt herum und pflegte so auch die vielfältigsten Kontakte.

Dieser Kunde betrat eines Tages wieder einmal unser Geschäft, nachdem er soeben aus London zurückgekehrt war. Dort hatte er auf einer Auktion ein originales Hemd von Napoleon Bonaparte ersteigert, und dieses Hemd, präsentiert auf einem roten Kissen, machte er Mama und mir zum Geschenk. Wir hatten eine enorme Freude daran, zumal es sich nicht um ein »gewöhnliches« Hemd von Napoleon handelte, sondern um jenes, welches er bei der Schlacht von Waterloo getragen hatte.

Dieses Hemd stellt ein Meisterwerk der Handwerkskunst dar,

es ist aus feinstem Leinen genäht; die Stiche sind so klein, daß man beinahe eine Lupe benötigt, um sie zu sehen. Und an der Seite ist ein winziges, rotes »N« mit einer Krone darüber als Monogramm eingestickt. Ein solch wertvolles Stück hat natürlich seinen Platz im Tresor.

Mama fand es sehr schade, Napoleons Hemd einfach wegzusperren. Auszustellen wagten wir es aber auch nicht, nicht zuletzt wegen der Lichtempfindlichkeit des feinen Stoffes. So kam ich auf die Idee, den Schnitt des Hemdes im Atelier zu kopieren, und unter der Bezeichnung »Napoleonhemd« ist es bis auf den heutigen Tag in unserem Geschäft zu kaufen.

Leonard Bernstein war für uns weit mehr als nur ein Kunde, mit ihm verband uns eine ganz besonders innige und herzliche Beziehung.

Nach einem großartigen Konzert, das Lenny in der Philharmonie dirigiert hatte, saßen wir drei einmal im Hotel Vier Jahreszeiten, als ihm an meinem Plastron eine meiner schönen Nadeln aus meiner Sammlung auffiel. Es war ein besonders prächtiges Stück mit einem herrlichen Rubin. Lenny war ganz fasziniert von dieser Nadel, äußerte sofort den Wunsch, sie zu besitzen, ja er riß sie mir beinahe von meinem Plastron.

Ich konnte Lenny diesen Wunsch nicht verwehren, und glückselig nahm er das Schmuckstück entgegen. Da Lenny aber auch kein kleinlicher Mensch war, griff er in die Tasche

seiner Frackhose, und zum Vorschein kam eine wunderschöne Zigarettendose aus Bergkristall, der Verschluß und
die Scharniere waren über und über mit Brillanten besetzt.
Diese Dose überreichte er mir nun seinerseits als Geschenk.
Sie ist für mich eine nie verblassende Erinnerung an diesen
wunderbaren Menschen und Künstler.

Gerührt und glücklich war ich auch, als Hans-Fritz Beckmann, der bei meiner ersten Modenschau die Conférence
übernommen hatte, mir an diesem Tag von seinem Hand-
gelenk ein breites goldenes Panzerarmband mit den Worten
überreichte: »Es soll dich an diesen Abend erinnern.«

Das erste Fernsehporträt

Unter dem Titel »Millionendiener« lief Anfang der siebziger Jahre in der ARD eine Serie über Menschen in Deutschland, die es geschafft hatten, in jungen Jahren und kurzer Zeit ganz besondere geschäftliche Erfolge zu erzielen. Mama und ich konnten es kaum glauben, als der Produzent dieser Serie auf uns zukam, um von uns und unserem Geschäft ebenfalls ein Porträt zu drehen, das 1971 anläßlich der 31. Münchner Modewoche im Abendprogramm der ARD in einem 45minütigen Beitrag gesendet werden sollte. Es waren ja gerade mal vier Jahre seit unserer Geschäftseröffnung vergangen!

Für mich standen aufregende und vor allem belastende Zeiten bevor. Ich war noch jung und im Umgang mit den Medien völlig unerfahren, die bevorstehenden Dreharbeiten gestalteten sich oft zur nervlichen Zerreißprobe. Anfangs bemühte ich mich, die Texte im voraus auswendig zu lernen, um sie dann bei passender Gelegenheit anzubringen. Daß dieses Vorhaben an meiner Aufregung scheitern mußte, die mich schlagartig überfiel, wenn ich vor der laufenden Kame-

ra stand, wurde mir dann aber schnell bewußt: vor lauter
Herzklopfen brachte ich überhaupt kein Wort mehr heraus.
Ich suchte verzweifelt nach einer Lösung, schließlich durfte
dieses Porträt doch nicht an meinem Lampenfieber scheitern. Da sagte ich mir, daß die einzige Möglichkeit, diese Aufgabe zu bewältigen, wohl doch darin bestünde, die Sache aus
dem Stegreif und frei aus dem Bauch heraus anzugehen. Und
tatsächlich war das die Lösung; ich habe, wie einst als
Schüler, alles, was schon von weitem nach Auswendiglernen
roch, weit von mir gewiesen und nur noch frei nach Schnau-
ze gesprochen.
Mit diesem »Konzept« bin ich mit den vielen Interviews, Talk-
Shows und Radiosendungen in all den Jahren bestens zu-
rechtgekommen. Ich habe, ohne mich vorzubereiten, den
Moment an mich herankommen lassen, um dann aus der Situation heraus meine Emotionen sprechen zu lassen. Ich habe die Zuschauer und -hörer immer an meinen Gefühlen teilnehmen lassen, und diese Ehrlichkeit und Glaubwürdigkeit
wird vom Publikum geschätzt.
Als ich das also begriffen hatte, ging es mir auf einmal auch
bei den Dreharbeiten zu meinem Porträt besser. Drehorte
gab es viele, so drehten wir auch in Monte Carlo bei einem
der legendären Feste von Gracia Patricia – dies war übrigens
das besagte Fest, bei dem sich das fatale Verhältnis zwischen
Ina und François anbahnte.
Die Bilder dieses glanzvollen Abends sind mir bis heute in Er-

innerung geblieben. Die Feste hatte Gracia Patricia auf der Rückseite des alten Spielcasinos von Monte Carlo arrangiert, mit Blick auf die Wand des Casinos. Diese Wand war jedesmal über und über mit Straußenfedern geschmückt, einmal in weiß, dann in rosé oder in grün, und diese Federnwand wiegte sich leicht im Abendwind – ein herrlicher Anblick. Andere Szenen spielten in Paris, unter anderem wurde auf dem Dach des Hilton eine unserer Modenschauen inszeniert. Mit Bergen von Koffern, die mit unzähligen Modellen gefüllt waren, mit den Mannequins und Dressmen, meinem ersten Zuschneider, meiner Sekretärin und natürlich dem ganzen Fernsehteam sind wir also nach Paris gereist. Dort angekommen, stellten wir erst einmal fest, daß die vielen Koffer nicht in die bereitstehenden Taxis paßten. Also mußten wir Taxis mit Dachgepäckträgern organisieren, um die ganze Bagage transportieren zu können. Solcherart beladen fuhr der gesamte Troß dann vom Flughafen Paris-Orly zur Seine-Metropole. Ich fuhr im vordersten Wagen mit und drehte mich immer wieder besorgt um, um zu sehen, ob das Gepäck noch vollzählig auf den Dächern der Taxis vorhanden war. In solch einem Augenblick segelte vor meinen Augen und zu meinem großen Schrecken ein Koffer von einem Wagendach auf die Autobahn, wo er am Fahrbahnrand liegenblieb. »Alles anhalten und sofort den Koffer einsammeln!« Aber bevor wir etwas unternehmen konnten, hielt ein fremder Wagen bei dem Koffer. Ich dachte mir noch, das ist aber nett, der

paßt auf, daß dem Koffer nichts passiert und womöglich noch
einer darüberfährt. Aber weit gefehlt, der Fahrer des Wagens
schnappte sich den Koffer, beschleunigte und verließ die
Autobahn auf der Ausfahrt, die sich zwischen uns und dem
Koffer befunden hatte! Meine schönen Modelle waren fort
und gestohlen!
Gott sei Dank hatten wir aber genügend Modelle dabei, so
daß uns der Verlust des Koffers keine größeren Probleme bereitete. Die Modenschau auf dem Dach des Hilton wurde ein
voller Erfolg. Es gab ein großes Essen, Gäste waren geladen,
die Presse war anwesend, und als unübersehbare Kulisse erhob sich im Hintergrund der Eiffelturm.
Der Regisseur dieser TV-Produktion war Gabor Wagner. Er
war ein hervorragender Mann, hatte aber auch eine hervor-
stechende und unübersehbare Vorliebe für Frauen. So lagen
unsere Vorstellungen von geeigneten Kulissen für den Film
meilenweit auseinander. Während ich von den schönsten hi-
storischen Schauplätzen, die Paris ja in hundertfacher Weise
bietet, träumte, wollte Gabor Wagner lieber im Studio drehen, in dem sich die Kulisse aus einer Vielzahl von Damen
zusammensetzte, die sich durch gänzliche Nacktheit aus-
zeichneten!
Nun stand ich also vor diesen nackten Tatsachen und war damit gar nicht einverstanden. Ich wollte doch einen Mode- und
keinen Erotikfilm drehen! Aber Gabors Metapher für Paris
waren eben nackte Frauen. Und ich in meiner Unerfahren-

heit habe mich nicht um die Gestaltung des Films gekümmert. Manche Szenen, die ich in meiner Laienhaftigkeit mit-
gemacht habe, wollte ich später wieder geändert haben, weil
ich mir diesen Film so nicht vorgestellt hatte. So gab es natürlich Streit mit Gabor, doch mit Biegen und Brechen, viel Aufregung und einigen Schwierigkeiten wurde der Film schließlich zu einem für mich einigermaßen akzeptablen Ende gebracht, wenn ich auch heute alles anders machen würde.
Aber dafür, daß es mein erster großer Film war, der dann
auch bundesweit ausgestrahlt wurde, war ich mit dem Ergebnis doch sehr zufrieden.
Meine mit der Filmerei verbundene Aufregung hatte zuwei-
len merkwürdige Konsequenzen: So war in Paris ein Presse-
termin geplant, zu dem ich hätte erscheinen sollen. Als ich
schon längst in der Hotelhalle zum Interview erwartet wurde,
war ich aber noch immer im Hotelzimmer damit beschäftigt,
mir die Haare zu fönen. Andauernd klingelte das Telefon,
man bat mich dringend, doch bitte endlich zu erscheinen.
Gut, ich beeilte mich, fertig zu werden und fuhr mit etlicher
Verspätung hinab in die Hotelhalle, wo die Reporter schon
ungeduldig in den Startlöchern saßen.
Trotz meines Lampenfiebers bin ich gut durch das Interview
gekommen, irritiert hatten mich bloß die starr auf mich ge-
richteten Blicke der Reporter. Ich fragte mich, ob das ein
Trick sei, um mich aus dem Konzept zu bringen. Als zu meiner Erleichterung das Frage- und Antwortspiel beendet war,

erhob ich mich und blickte dabei beiläufig in einen Spiegel in der Hotelhalle. Da wurde mir schlagartig bewußt, was es mit den starren Blicken während des Interviews auf sich gehabt hatte. Ich hatte die Gewohnheit, meine vielen Haare beim Fönen mit schönen verchromten Friseurklammern zu befestigen, damit sie die Form behielten. Und genau diese Klammern hatte ich in der Hektik vergessen zu entfernen. In dieser Aufmachung hatte ich mich in der Hotelhalle des Hilton dem Publikum präsentiert, aber niemand hatte es gewagt, mich darauf anzusprechen. Keiner war sich sicher gewesen, ob das nun meiner Vergeßlichkeit oder meiner exzentrischen Ader zuzuschreiben war! Die erstaunten Gesichter werde ich nie vergessen. Und die Friseurklammern sind bis heute auf allen Bildern zu sehen.

In Südfrankreich wurde dann die Entwicklung meines Parfums »Carnaval de Venise« gefilmt, wir sind zu diesem Zweck eigens in das provenzalische Parfumstädtchen Grasse gefahren.

Die Kreation eines Parfums ist eine unglaublich aufwendige Angelegenheit. Es gilt, aus hunderten von Wurzeln, Blüten, Ölen und Extrakten auszuwählen, zu probieren und zu kombinieren, bis der endgültige Duft gefunden ist. Diese unendlich vielen Duftproben sind von der menschlichen Nase nur nach und nach zu verarbeiten, nach drei bis vier Düften ist der Geruchssinn schon so betäubt, daß man erst nach einiger Zeit wieder in der Lage ist, einen neuen Duft zu riechen und zu erkennen. Das zieht die Erschaffung eines Parfums natürlich sehr in die Länge.

In Grasse werden nur natürliche Ingredienzien zu Parfums verarbeitet, synthetische Düfte sind verpönt. Das Ergebnis sind diese wunderbar reichen und langanhaltend duftenden Parfums, wie es sie früher gab, und die sich von den heutigen, schnellebigen Düften um Welten unterscheiden.

Die aufregende Filmerei, der gleichzeitige Geschäftsbetrieb und das viele Reisen verlangten jedoch ihren Tribut. Mein Körper reagierte auf diesen Dauerstreß und den wenigen Schlaf höchst empfindlich. Eines Morgens wachte ich auf, befallen von einem starken Schwindelgefühl, und konnte mich nicht mehr rühren. Meine gesamte rechte Körperhälfte war gelähmt, und man brachte mich ins Krankenhaus.

Dort verbesserte sich mein Zustand nur in kleinsten Schritten. Ich mußte von Beginn an das Gehen wieder lernen, übte monatelang die einfachsten Handbewegungen, bis ich mich wieder einigermaßen normal bewegen konnte. Aber das Schwindelgefühl hielt über Jahre hin an, was mich in allen Bereichen des Lebens sehr stark beeinträchtigte. Eine Durchblutungsstörung im Gehirn hatte diese Symptome hervorgerufen; über den geläufigen Ausdruck, den es dafür gibt, möchte ich gar nicht nachdenken.

Dieses Erlebnis hatte mir schonungslos aufgezeigt, wie hoch der Preis für den schnellen Erfolg sein kann. Wie leicht vergißt man, sich um das Wichtigste zu kümmern, das man besitzt, nämlich seine Gesundheit. Und wie oft wird einem erst durch ein solch einschneidendes Erlebnis bewußt, daß Gesundheit keine Selbstverständlichkeit ist. Wie viele Menschen haben dies vollkommen vergessen, belasten ihren Körper mit allen möglichen Drogen, rauchen und trinken, um der täglichen Arbeit gewachsen zu sein.

Mama und ich hatten bald eingesehen, daß die einzige Droge, die uns antrieb, die Arbeit selbst war. Und das ist bis heute so geblieben.

Die Hundskugel

München wurde während des Zweiten Weltkriegs von den Bomben der Alliierten derart in Mitleidenschaft gezogen, daß von der einstigen so wertvollen und schönen Bausubstanz nicht mehr viel übriggeblieben ist.

Um so stolzer bin ich deshalb, mich Besitzer einer der drei ältesten Münchner Häuser, verbunden mit der ältesten Münchner Gaststätte, der »Hundskugel«, nennen zu dürfen. Das Gebäude der »Hundskugel« in der Hotterstraße, Ecke Hackenstraße gelegen, war 1440 erbaut worden und im Jahr 1983, in dem ich es erwerben konnte, in einem desolaten Zustand. Ich erinnere mich noch gut daran, wie ich bei der Besichtigung im Flur dieses Hauses erst einmal ausrutschte und hinfiel; die ziemlich undichten Holzfässer mit dem alten Fritierfett wurden dort gelagert.

Mama traute ich erst einmal gar nichts von dieser Anschaffung zu erzählen, hätte sie mich doch einen Wahnsinnigen gescholten, das hart erarbeitete Geld in einen so heruntergewirtschafteten Schuppen hineinzustecken. Auf meinen ewig sprühenden Einfallsreichtum vertrauend, sah ich vor meinem geistigen Auge die »Hundskugel« bereits wie Phönix aus der Asche in strahlendem Licht auferstehen.

Zusammen mit meinen treuen Handwerkern, die mich und meine Einfälle ja Gott sei Dank kennen, verwandelte ich dieses unscheinbare Haus in ein bayerisches Kleinod, das durch seine geringe Größe an eine antike Puppenstube erinnert. Abgesehen von der Gaststube mit ihren bunten, alten Kirchenfenstern findet sich im ersten Stock neben der heimeligen, alten Zirbelstube, deren Dielen gar mit handgeschmiedeten Nägeln befestigt sind, ein kleines Zimmer mit einer herrlichen gotischen Halbtäfelung, die ihren Ursprung in einem alten Kloster hat.

Jetzt erst durfte Mama davon erfahren, und sie war begeistert. Ihre Freude an diesem entzückenden Haus war überaus groß, und von ihrem Lieblingsplatz aus, dem Sakristeitischerl in der Gaststube, konnte sie mit Vergnügen immer wieder das Kommen und Gehen der Gäste beobachten. Bis zuletzt war die »Hundskugel« Mamas große Liebe. Für sie war es »die schönste und gemütlichste Wohnstube Münchens«, die auch heute noch jedermann offensteht.

Viele Menschen haben inzwischen die Gastlichkeit dieses Hauses genießen können, das auch bereits mehrfachen Eingang in die Literatur gefunden hat: Oskar Maria Graf erwähnt die »Hundskugel« in seinem wunderbaren Buch »Das Leben meiner Mutter«, und auch in Lion Feuchtwangers »Der Erfolg« ist dieses Haus beschrieben. Bedürftige ältere

Münchner wurden regelmäßig von Mama und mir umsonst verköstigt, und sogar Norwegens Königin Sonja fand bei ihrem letzten Aufenthalt in München den Weg in die »Hundskugel«.

Venedig – Paris –
Palm Beach – Ascot

Urlaub war für uns kein Thema, die Arbeit war unser Sonnenschein. Von den schönsten Urlaubsplätzen, die wir eigentlich für längere Zeit hatten genießen wollen, mußten wir schon nach wenigen Tagen wieder abreisen, denn mein Kreislauf kam ohne die Drogen Arbeit und Geschäft vollständig zum Erliegen. Mama war immer ganz verzweifelt, weil unsere zehn Koffer, die wir auch für den kürzesten Urlaub einfach benötigten, kaum waren sie ausgepackt, schon wieder gefüllt und heimtransportiert werden sollten. So bestanden unsere »Urlaube« meist aus verlängerten Wochenenden, mit denen wir aber auch ganz glücklich waren.

Zu einem unserer Lieblingsplätze gehörte Venedig. In den letzten dreißig Jahren fühlten wir uns an diesem zauberhaften Ort und in den herrlichen Palazzi unserer Freunde wie zu Hause.

Schon in den ersten Jahren unseres Geschäfts, wo das Geld trotz der Arbeit noch nicht so reichlich vorhanden war, gönnten Mama und ich uns ein paar Tage Venedig. Einmal, ich erinnere mich noch genau, war ein Aufenthalt von vier Tagen vorgesehen. Nun hatte ich aber bei Roberta eine wunderschöne Samttasche entdeckt, die ich Mama sofort zeigte. Ich war so verliebt in diese Tasche, daß ich Mama den Vorschlag machte: »Ich kaufe dir diese Tasche, und dafür reisen wir einen Tag eher ab.« Natürlich wollte Mama das nicht; sie erinnerte mich daran, daß doch gerade ich mich so auf Venedig gefreut hätte. Nach langem Hin und Her kaufte ich die Tasche schließlich doch, und wir blieben nur drei Tage.

Die Erinnerungen an Venedig gehen bis in meine Jugend zurück. Einmal reiste ich mit meiner Freundin Anne, die etwas begüterter war als ich, nach Venedig. Anne war einundzwanzig, ich achtzehn. Voller Bewunderung für die Schönheit und Faszination dieser Stadt betrachteten wir alles, gingen barfuß am Strand des Lido spazieren, genossen die Luft und ließen uns vom Flair der großen Luxushotels gefangennehmen.

Ich erinnere mich sogar noch an unsere Kleidung: Anne trug ein weißes Strandkostüm, um den Hals einen langen weißen Rosenkranz und dazu einen weißen Hut aus Organza, der mich immer an die Hüte der Nordseefischer erinnerte. Ich hatte eine Jeansjacke an, auf deren Rücken meine Freundin einen Delphin aus bunten Glasperlen genäht hatte.

Ganz besonders hatten es uns die Strandzelte angetan, die im Stil arabischer Zelte gehalten waren, ganz in weiß und mit einer Glaskugel aus Murano auf der Spitze des Daches. Unter den ausladenden Baldachinen standen Sonnenliegen mit Badelaken, die bis zum Boden reichten, darauf waren Kissen in türkis, pink und cognac ausgebreitet. Ganz baff standen Anne und ich vor soviel geballter Schönheit und bewunderten die Menschen, die sich all dies leisten konnten.

Besonders ein Zelt hatte unsere Neugierde geweckt. In ihm saß auf marokkanischen Sitzkissen ein älteres Ehepaar – vermutlich Engländer – beim Tee, Madame reichlich mit Juwelen behängt, Mr. X ganz blaß im Gesicht und am Körper. Beide wurden eifrig umsorgt von einem livrierten Diener.

Immer wieder zog es uns zu diesem Zelt hin, bis der Diener heraustrat und uns ansprach. Erst dachte ich, jetzt käme die Rüge für unsere Neugier. Aber weit gefehlt, wir wurden gebeten, Platz zu nehmen und mit den englischen Herrschaften Tee zu trinken. Wir waren einerseits natürlich völlig perplex, andererseits ging nun der Traum in Erfüllung, einmal in einem solchen Zelt sitzen zu dürfen. Kaum zu glauben, aber Anne und ich wurden sogar zum Abendessen in den Palazzo Formosa eingeladen.

Nun, es stellte sich heraus, daß es sich bei unseren großzügigen Gastgebern um das Ehepaar Wallraff handelte, bekannt als vermögene Kunstkenner und Mäzene. Trotzdem waren wir etwas ängstlich, einfach zu fremden Menschen in ein fremdes Haus zu gehen. So betrat ich couragiert die Halle des Hotel Excelsior und erkundigte mich beim Portier über die Wallraffs. Dieser klärte mich sofort auf und sagte mir, daß es sich um eine der angesehensten Familien Venedigs handle. Trotzdem bat ich den Portier, uns um dreiundzwanzig Uhr anzurufen und sich nach unserem Wohlbefinden zu erkundigen – was er auch tat.

Wir wußten an diesem Abend noch nicht, daß uns von diesem Augenblick an mit den Wallraffs die wertvollsten Freunde, schönsten Stunden und Gespräche für viele Jahre begleiten sollten.

Was Mama überhaupt nicht mochte, waren die Bootsfahrten. Da sie durch ihre Größe ja nur kleine Schritte machen konnte, mußte sie von den Bootsführern jedesmal in die Vaporetti hineingehoben werden. Auch die Fahrt war für Mama nicht sehr vergnüglich, denn durch die hochgelegenen Fenster der Boote konnte sie nicht hinaussehen, und so fühlte sie sich jedesmal recht unwohl.

Zum Hotel Carlton in Cannes entwickelten wir in dieser Zeit ebenfalls eine große Liebe. Mama wurde dort zu einer nicht mehr wegzudenkenden Institution, war sie doch mit ihren blauen Haaren, ihrer Mode und den Juwelen eine höchst extravagante Erscheinung.

Ihre Ausstrahlung erinnerte an die vergangene große Zeit der Côte d'Azur. Der Strand des Carlton war luxuriös ausgestattet mit bequemen Liegestühlen, blau-weißen Sonnenschirmen und großzügigen Badetüchern. Bei unserer Ankunft wurde Mama jedesmal vom Chef des Service des Strandre-

staurants mit Rosen begrüßt, die in einem Champagnerkü-
bel neben ihrem Liegestuhl standen.

Berühmt ist Cannes ja auch für die älteren Damen in Begleitung junger Herren. Und so hatte ich auch immer alle
Hände voll zu tun, uns diese jungen Männer, die mit Schönheit und sportlicher Figur ausgestattet waren, vom Leibe zu
halten. Natürlich hatten sie es auf Mama abgesehen und
kannten nur ein Ziel, mich auszustechen. Nie wären diese
Burschen auf den Gedanken gekommen, daß es sich bei uns
um Mutter und Sohn handeln könnte. Mama genoß es natürlich in vollen Zügen, für die Öffentlichkeit die Rolle der vermögenden älteren Dame zu spielen, die sich einen jüngeren
Liebhaber leisten konnte. Allerdings hatte Mama mehr Spaß
an der Sache als ich . . .

Eines Nachmittags saßen wir bei strömendem Regen im Carlton beim Tee. Uns gegenüber nahm ein älterer, gutausse-
hender Gentleman mit seiner überaus attraktiven und jungen
Begleiterin Platz. Ich bemerkte zu Mama: »Das ist bestimmt
seine Freundin!« Anscheinend unterhielten sich die beiden
auch über uns, schließlich erhob sich der Herr, kam zu uns
herüber, entschuldigte sich und erklärte, er habe mit seiner
Tochter eben eine Wette abgeschlossen, ob es sich bei uns
wohl um Mutter und Sohn handle oder ob ich Mamas Freund
sei. Als wir ihnen sagten, wir hätten dieselben Überlegungen
angestellt, war das Gelächter auf beiden Seiten natürlich
groß. Nachdem wir uns alle gegenseitig bekanntgemacht hat-

ten, stellte sich heraus, daß der charmante Herr, mit dem wir einen vergnüglichen und unvergeßlichen Nachmittag verbrachten, Mr. Goodman aus Israel war, der sich sehr für den Dialog zwischen Israel und Deutschland eingesetzt hatte.

Nun, die Jahre blieben nicht stehen, und auch Mama und unser Mini-Yorkshire Jenny, der ja überall mit dabei war, wurden älter. Man sprach zwar nie darüber, und doch machte ich mir zunehmend Gedanken darüber, daß alles im Leben, auch das größte Glück, nur befristet ist.

Die Entfernung zu unseren Urlaubsplätzen verringerte sich, und so orientierten wir uns in den letzten Jahren immer mehr nach Salzburg, wo wir regelmäßig zu Ostern und im Sommer die Festspiele besuchten. Das märchenhaft gelegene Hotel Schloß Fuschl mit Blick auf den idyllischen Fuschlsee und die umliegenden Berge war Mamas Lieblingsort. Nur mit dem Gehen tat sie sich immer schwerer, und so kam Mamas Butler nun auch dorthin mit.

Paris hat in unserem Leben immer eine große Bedeutung gehabt. Das Schicksal schien seine Weichen in dem Moment zu stellen, als ich - noch während meiner Lehrzeit – Lilly, ein Topmodel bei Christian Dior, kennenlernte, wir uns verlobten, meine und ihre Eltern sich befreundeten und ich nach Paris ging. Und doch habe ich dann rechtzeitig den Entschluß gefaßt, Lilly nicht zu heiraten und nach München zurückzukehren. Mama war natürlich glückselig, ihren Sohn wieder bei sich zu haben. Paris hat selbstverständlich dennoch seine faszinierende Ausstrahlung für uns behalten, und auch die Freundschaft zu Lilly van Dierndonck und ihren Eltern hat sich erhalten.

So freuten wir uns natürlich sehr, als wir zur 200-Jahr-Feier der Französischen Revolution eingeladen worden waren. Wir wohnten im Hotel Ritz und ergötzten uns an den gigantischen nächtlichen Paraden, die an Größe und Aufwand nicht mehr zu übertreffen waren. Am meisten beeindruckt waren Mama und ich, als auf einem Podest, das beinahe die Breite der Champs-Elysées einnahm und von unzähligen Menschen getragen wurde, die große Jessey Norman, gehüllt in die Farben der Trikolore, einhergetragen wurde. Ihr Kleid endete in einer Schleppe, die im Wind eines großen Ventilators flatterte und so die französische Fahne darstellte.

Am darauffolgenden Tag war die Champs-Elysées noch gesperrt, und wir hatten eine Sondergenehmigung, mit unserem Rolls ganz alleine diesen Prachtboulevard zu befahren, was wir natürlich außerordentlich genossen haben. Das einzige Fahrzeug, das uns entgegenkam, war der Wagen des damaligen Präsidenten der Vereinigten Staaten von Amerika, Ronald Reagan!

Palm Beach war für uns der Ausdruck einer großen Zeit, in der Mama sich noch bei bester Gesundheit befand und spielerisch die zehn Stunden Flug von Frankfurt bis Miami ertra-

gen konnte. Wenn dann das ersehnte Ziel endlich in Sicht-
weite war, bemerkte ich zu Mama: »Jetzt bist du aber doch
froh, daß wir bald landen.« Darauf erwiderte Mama nur, sie
hätte das Ausruhen so genossen, daß es ihr nichts ausma-
chen würde, gleich nochmal zehn Stunden weiterzufliegen!
Unsere Diplomaten-Freunde hatten es eines Tages gut mit
uns gemeint und einen Polizeiwagen organisiert, der uns an
der Maschine abholte, um uns zum Immigration Office zu
bringen, damit uns die Strapaze des Schlangestehens erspart
blieb. Aber wie sollten wir dies nun unseren Mitpassagieren
der First-class erklären, die zum Teil sogar unsere Kunden
waren und nicht schlecht staunten, als wir, kaum gelandet,
ruck-zuck von der Polizei in Empfang genommen wurden!
Palm Beach ist eine Oase der Ruhe in den USA. Einst tru-
gen wir uns sogar mit dem Gedanken – den wir Gott sei Dank
bald wieder verworfen haben – den Rest unseres Lebens an
diesem Ort zu verbringen. Doch freuten wir uns während vieler Jahre, die Tage nach Weihnachten einschließlich Silvester
in Palm Beach genießen zu können.
Man muß jedoch schon eine gehörige Portion Anpassungs-
fähigkeit besitzen, um diese amerikanische Oberflächlichkeit
ertragen zu können. Hundertmal am Abend »my best friend«
zu hören, ist eindeutig neunundneunzigmal zu viel. Dennoch
hatten wir in dieser Zeit eine Menge Spaß, wohl wissend, daß
es keinen Grund gab, unser München je zu verlassen.
Arndt von Bohlen-Halbach, der in den ersten Jahren unse-

res Geschäfts eine tragende Rolle spielte, weil er voller Freude und Begeisterung fast alle Modelle unserer Modenschau-
en zu kaufen pflegte, erstand sich in Palm Beach ein traum-
haftes spanisches Palais. Wir verbrachten schöne Stunden
zusammen, doch Arndt war schon sehr von seiner Krankheit
gezeichnet und wir wußen, daß er nicht mehr lange zu leben
hatte.

Unsere lieben Freunde, das Ehepaar de Wyman, waren sehr
darauf aus, uns mit den Argumenten, Freunde müßten doch
zusammen sein und Florida sei das Paradies auf Erden, in
Palm Beach festzuhalten. Diese Bemühungen rührten uns
sehr, bis wir nach einiger Zeit erfuhren, daß die vielen Damen der Gesellschaft nebenbei, sozusagen als kleines Privat-
vergnügen, Häuser vermakelten und unsere Kaufkraft wohl
auch bei dem Versuch, uns nach Palm Beach zu locken, der
primäre Gedanke gewesen war.

Trotzdem hatten wir viel Freude an den wunderschönen
Festen, die die de Wymans gaben. Als sie einmal in München
waren, gab ich ihnen zu Ehren ein Diner bei Käfer, zusammen mit unseren besten Freunden. Die de Wymans waren so
begeistert, daß sie Mama und mir versprachen, die nächste
Silvesterparty in Palm Beach speziell für uns als Ehrengäste
auszurichten. Als es dann soweit war, freuten wir uns natürlich enorm auf diesen Abend, brachten eine Menge Geschenke mit und erwarteten in unserem Haus mit Spannung,
was dieses Silvester nun bringen möge.

Madame de Wyman hielt ihr Wort, jedoch dauerte die Party
gerade mal ehrenhalber eine halbe Stunde. Danach wollte sie
zu unserer Überraschung noch auf zehn verschiedenen Parties weiterfeiern. Nun rannten wir von einer unwichtigen Party zur nächsten. Um vierundzwanzig Uhr war dann Madame
nirgends zu sehen. Nachdem sie aber die erste Dame der Gesellschaft war, traute sich auch niemand, ohne sie auf den
Jahreswechsel anzustoßen. Mama und mir wurde dies dann
einfach zu bunt. Um zehn nach zwölf verließen wir den Tisch,
um zu Hause wenigstens von dem Abend zu retten, was noch
zu retten war. Nun hatten wir aber auf Madame de Wymans
Rat unseren Wagen stehen lassen und waren mit ihr gefahren. Also mußte erst wieder jemand gefunden werden, der
uns nach Hause bringen konnte! Wirklich, der Abend war
ganz nach unserem Geschmack!
Silvester war für uns nie ein Fest von Ulk und Lärm, sondern
ein besinnliches Beisammensein in Dankbarkeit für das vergangene gute Jahr, gleichzeitig jedoch in ungewisser Erwartung, was das neue bringen möge. So waren wir dann sehr
glücklich, alleine in unserem Heim bei einem Glas Champagner die Gedanken schweifen lassen zu können.
Doch um drei Uhr in der Früh klingelte das Telefon Sturm,
es war natürlich Madame de Wyman. Sie war höchst erbost
über unsere ungalante Art, das Fest ohne Abmeldung einfach
verlassen zu haben! Ich meinte daraufhin, daß es ebenfalls
stillos sei, seine Ehrengäste einfach stehenzulassen und nicht

zum Jahreswechsel mit ihnen anzustoßen. So hatten wir schon so früh im neuen Jahr den schönsten Streit, an dem sich bis heute nichts geändert hat. Zum Schluß erklärte ich Madame noch, daß uns halt doch Welten trennen würden. Allerdings besaß sie dann doch soviel Stil, alle unsere Geschenke am Neujahrsmorgen um sieben Uhr wieder bei uns abzugeben...

Zum traditionellen Pferderennen von Ascot waren wir auf Einladung des Englischen Königshauses des öfteren zu Gast in der königlichen Loge. Es wurde uns ein Rolls-Royce zur Verfügung gestellt, und wir durften mehrere Jahre dieses herrliche Spektakel genießen.

Ich erinnere mich an unseren Ascot-Besuch während der größten Hitzewelle, die England je erlebt hatte. Als wir in unserem Hotel Dorchester in der Park-Lane eintrafen, waren wir zunächst begeistert von der herrlich klimatisierten Hotelhalle und freuten uns schon auf die ebenfalls gekühlte Suite, die anläßlich der Einladung nach Ascot für uns reserviert worden war. Doch bald mußten wir feststellen, daß unsere Suite gar keine Klimaanlage besaß, wir kamen vor Hitze beinahe um! Nach kurzen Erkundigungen stellten wir dann fest, daß im Gegensatz zu den Zimmern tatsächlich nur die Hotelhalle klimatisiert war.

Meine Sorge um Mama wurde immer größer, zumal man ihr die Erschöpfung ja auch ansah, sie aber - wie immer in solchen Fällen - keinen Ton sagte. Statt dessen erfreute sie sich voller Begeisterung an der Schönheit des Hauses. So bat ich den Direktor um einige Ventilatoren. Doch die wenigen, die zur Verfügung standen, waren bereits vergeben, wie mir mitgeteilt wurde. Es bestand anscheinend keine Möglichkeit, auch nur einen zu besorgen.

Beim Versuch, dieser mißlichen Lage abzuhelfen, erinnerte ich mich der kühlen Hotelhalle. Ich packte mein Bettzeug, fuhr damit im Lift nach unten, ging stolzen Schrittes auf die nächste freie Couch zu, legte mich hin und machte es mir bequem.

In kürzester Zeit hatte ich die erste Garnitur des Hauses in voller Besetzung im Cut und sehr aufgeregt vor mir stehen. Ich erklärte meine Situation, und innerhalb von zehn Minuten war unsere Suite mit mehreren Ventilatoren ausgestattet, die das Hotel dann doch aufbringen konnte!

Elegant gekleidet, warteten wir am nächsten Tag vor dem Dorchester-Hotel darauf, mit Rolls-Royce und Chauffeur nach Ascot gefahren zu werden. Aber niemand erschien. Bis dann, nach langem Warten, endlich dampfend, kochend und schnaufend unser Rolls vorfuhr. Unterwegs nach Ascot sahen wir dann – hervorgerufen durch die außerordentliche Hitze - sämtliche Rolls-Royces und Bentleys kochend an den Straßenrändern stehen. Neben den Wagen, dementsprechend derangiert und fern ihrer ursprünglichen Eleganz die jeweiligen Besitzer, schier aufgelöst von den tropischen Tem-

Mein Vorbild für die Gestaltung dieser Festtafeln, an denen sechzig bis hundert Gäste Platz nehmen konnten, waren die Gemälde von Boucher aus dem 18. Jahrhundert. Diese Tafeln waren von einem Aufwand und einer Pracht, wie man sie eigentlich nur noch aus den vergangenen Jahrhunderten kennt. Tischdecken, die bis zur Erde wallten, Blumenschmuck von enormem Ausmaß, der noch am Boden weiterrankte, dazu Marmorvasen aus meinem Privatbesitz, die mit Blumen besteckt im Hintergrund auf Säulen standen, und dieses von zarter Üppigkeit und Fülle geprägte Bild wurde beleuchtet von dem warmen Licht unzähliger Kerzen.

Jeder Abend, den ich auf diese Weise inszeniert habe, verwöhnt von Sterneköchen, umgeben mit interessanten und geistreichen Menschen, wurde für Mama und mich und, wie ich glaube, auch für unsere Gäste, zu einem unvergeßlich schönen Lebensmoment.

Eine Institution, die uns bei allen Festen begleitete, waren die Schleißheimer Schloßpfeifer, bestehend aus einer Garde von ungefähr vierzig Mann und gekleidet in historische Kostüme. Bei der Ankunft jedes der Gäste musizierten sie vor dem Eingang des Königshofes, jedesmal ein Augen- und Ohrenschmaus.

Einer dieser vielen Abende ist mir noch in besonders lebendiger Erinnerung. Es waren die Konsuln der Münchner Konsulate und namhafte Politiker Münchens geladen, aber auch das Showbusineß war vertreten – Thomas Gottschalk mit sei-

ner Frau Thea waren und sind ebenso liebenswerte wie gern-
gesehene Gäste –, das Fest hatte einen beinahe offiziellen
Anstrich.

Da erreichte uns zwei Stunden vor Beginn des Essens die
traurige Nachricht vom Ableben von Franz-Josef Strauß.
Mama und ich kannten und verehrten die Familie Strauß
sehr, mit der wir viele gemeinsame schöne Stunden erlebt
hatten, aus denen eine herzliche Verbindung entstanden war.
Trotzdem konnten wir das Fest nicht mehr absagen. Doch
die Vertreter der Stadt, die Konsuln, blieben sämtlich dem
Abend fern. Das zog verständlicherweise eine große Turbu-
lenz nach sich, kam es doch einer mittleren Katastrophe
gleich, die Tischordnung einer gesetzten Tafel in zwei Stunden noch schnell ändern zu müssen. So verlief der Abend
natürlich anders als geplant, in Gedanken waren wir und unsere Gäste bei dem Verstorbenen und seiner Familie.

Selbst die Schloßpfeifer spielten nicht mit ihren fröhlichen
Melodien auf, sondern erwiesen Franz-Josef Strauß mit einem langen Trommelwirbel die Ehre.

Jahre später war der 21. Januar 1993 Anlaß für eines dieser mittlerweile legendären Feste. Die Medien waren anwesend, Mamas Geburtstag wurde gefeiert. Und wie jedes Jahr
bei diesem Anlaß wurde Mama auch diesmal gefragt: »Frau
Moshammer, der wievielte Geburtstag ist es denn nun?« Mama hatte diese Frage Jahr für Jahr charmant übergangen,
sie sprach nie über ihr Alter, sie wollte sich damit nicht kon-

88 Fest bei Käfer mit unseren Ehrengästen aus Palm Beach, Mr. und Mrs. de Wyman

89 Silvester-Galadiner im Sailfish-Club in Palm Beach

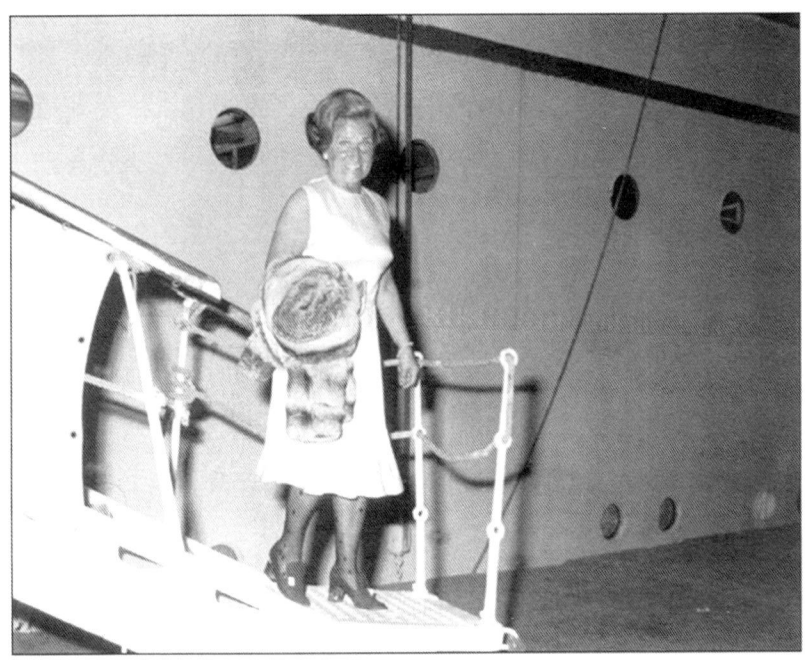

90 *Mamas erste große Schiffsreise auf der Ausonia*

91 *Paris 1989...*

92 … anläßlich der 200-Jahr-Feier der Französischen Revolution

93 Auf dem Besitz unserer gemeinsamen Freundin Regine Sixt in Cap Ferrat

94 *Auf dem Weg in die königliche Loge – Einladung nach Ascot zu dem weltbekannten Pfer-derennen*

95/96 *Mit Anne (links) und – Jahre später! – mit Mama in Venedig*

97 Hundskugel: Festliche Eröffnung mit den Schleißheimer Schloßpfeifern…

98 …und Begrüßung bedürftiger Münchner zur Verköstigung

99 Der Moshammer-Wein wird aus der Taufe gehoben. Unter den Gästen der Wiener Maler Prof. Ernst Fuchs

100 An diesem Abend sorgten Pagen in Rokokogewändern für den perfekten Service.

101 *Das Weinfest: Begrüßung der Gäste,…*
102 *…die Tafel…*

103 *…und mit Renate Piller, Inge Rodenstock, Regine Sixt (v.l.n.r.)*

104 Mein Kommentar zu diesem Bild: »Großfürstin« Mama unterzeichnet den Staatsver-
trag.

105 Der letzte Geburtstag am 21.1.1993

106 *Überraschende Begegnung mit Königin Sirikit von Thailand auf Schloß Fuschl*

107/108 *Langjährige Freunde: Thea und Thomas Gottschalk und Angie – eine Freund-schaft, die uns seit der Schulzeit verbindet*

109 Mit Dr. Friedrich Karl
Flick und Rosemarie Sprin-
ger
110 Gruppenbild mit Hans-
Dietrich Genscher, seiner
Frau Barbara und Manni
Wittgenstein in Berchtes
gaden
111 Mit Regine Sixt in
Fuschl

Gegenüberliegende Seite: ▷
112 Mamas letzter Auftritt
in der Öffentlichkeit, zehn
Tage vor ihrem Tod, anläßlich der Eröffnung der Salzburger Festspiele, Sommer
1993

113 Fuschl 1993: Im traumhaften Garten von Gastgeberin Manni Wittgenstein...

114 ...und mit Freund Arnold Schwarzenegger und seinem Neffen (1992)
115 Das letzte Foto von Mama am Fuschlsee

„Man sieht nur mit dem

Herzen gut, das Wesentliche

ist für die Augen unsichtbar"

(Antoine de Saint-Exupéry)

Else Moshammer
† 10.8.1993

116 Sterbebild

117 Theatinerkirche

118 Stiller Abschied

119 Ein letzter Gruß

120 Fahrt zur Aussegnung

121 Helmut Ringelmann mit seiner Frau
Evelyn Opela

122 Luggi Waldleitner mit Generalkonsulin
Liselotte Linnebach

123 Leopold Prinz von Bayern

124 Das Mausoleum

zähligen Brillanten und Rubinen besetzt – es grenzt an ein Wunder, daß dieses Meisterstück an filigraner Goldschmiedekunst nicht bei der ersten Berührung zerfällt.

Was wir alle nicht ahnten, Mama jedoch gespürt hatte: die Freude an dem Geschenk sollte nicht mehr von langer Dauer sein. Noch im Jahr ihres 85. Geburtstags, am 10. August 1993, hat das Leben Mama verlassen.

Kurz vor ihrem Tod sprach Mama mit mir über die Dinge, die sie belasteten. Da war die Sorge, mir im Leben von zu vielem abgeraten, mir die Freude an neuen Plänen, Investitionen und Zukunftsgedanken getrübt zu haben. Mama hatte mich ja in den Jahren des Aufbaus und Erfolgs in meinem Eifer immer gebremst, denn die Angst, durch eine Unvorsichtigkeit noch einmal vor dem Nichts zu stehen, war ihr allgegenwärtig. Diese Einstellung hat uns aber sehr bodenständig bleiben lassen und uns davor bewahrt, über die Stränge zu schlagen und nach den Sternen zu greifen.

Ich sagte deshalb zu Mama: »Du kannst ganz beruhigt sein, ich bin so froh, daß ich durch dich mit beiden Beinen fest auf dem Boden geblieben bin. Denn das, was wir geschaffen haben, ist abgesichert, neue Dinge wären nur Spekulationsobjekte und somit ein Risiko. Ich bin dir für deine Ratschläge doch so dankbar, denn sollten einmal schlechtere Zeiten kommen, dann ist man mit dem Spatz in der Hand allemal sicherer als mit der Taube auf dem Dach.«

Mama war daraufhin wirklich sehr erleichtert und meinte,

Gott sei Dank hätte sie im Leben auch einmal etwas richtig gemacht! Meine anlehnungsbedürftige Mama hat immer sehr ungern Entscheidungen getroffen, sie wollte einerseits die Verantwortung nicht übernehmen, wollte aber andererseits auch nichts falsch machen. Ihre Stärke bestand darin, ihre Liebe und Zuneigung wirklich vermitteln zu können und so ihren Sohn bei all seinen Entscheidungen zu stützen und abzusichern. An dieser Stelle zeigt sich einmal mehr, daß hinter einem erfolgreichen Mann oft eine starke Frau steht.

Unser letztes großes gemeinsames Fest unter dem Namen »Inszenierung von Wein und Kultur« war im März 1993 die Premiere des Moshammer-Weines, eines Savigny-Les-Beaune Les Vergelesses 1e Cru, und eines weißen Burgunders, dem Meursault, im Hotel Sheraton in München. Das Sheraton hatte großzügigerweise dieses Fest für uns ausgerichtet. Obwohl es erst unmöglich schien, war es nun an mir, in den eher nüchternen Konferenzräumen des Hotels ein Ambiente zu schaffen, das dem des 18. Jahrhunderts gleichkommt, also Mamas und meinem favorisierten Lebensstil. Mit einigen einfachen Mitteln war ich erfolgreich. Erst einmal ging es an die kahlen, langen Vorhänge, sie wurden gerafft, da gerichtet und dort gezupft, und schon waren sie nicht wiederzuerkennen. Auf der Terrasse, die den ganzen Saal umläuft, wurden brennende Fackeln in Sonnenschirmständer gesteckt, die von außen bengalisches Licht spendeten.

Die Tische ließ ich nach bewährter Manier à la Boucher de-
korieren, das konnte ich ja schon. Die Eingänge zum Saal
waren gesäumt von einer Allee mit Blüten und Lichtern ge-
schmückter Kugelbäumchen. Und wie bei jedem Fest wurden
unsere Gäste auch diesmal von den Schleißheimer Schloßpfeifern empfangen. Das Personal wurde in Rokokokostüme
gekleidet, mit weißen Handschuhen und weiß gepuderten
Perücken. Sogar eine Visagistin wurde bestellt, um den Ge-
sichtern die nötige vornehme Blässe aufzuschminken. Und
während des Diners spielte ein Quartett des Salzburger Mo-
zarteums, dessen Mitglieder ebenfalls in schönsten Mozart-
kostümen auftraten, klassische Musik.

Der Präsentation meines Weines selbst wollte ich einen dra-
matisch-pompösen Rahmen geben. Die Rokokodiener wurden in einer Kolonne aufgestellt, jeder mit einer Flasche Wein
in der Hand, und begleitet von den gewaltigen Klängen der
Ouvertüre zu Wagners »Tannhäuser« marschierten sie in den
Saal ein – es war ein unbeschreiblich festlicher und erhabe-
ner Anblick.

In der Süddeutschen Zeitung erschien am Tag darauf neben
vielen Bildern und einem schönen Bericht folgender Auszug
der Gästeliste: der Wiener Maler Ernst Fuchs, der Komponist Ralph Siegel, Lothar Günther Buchheim, Elisabeth Prinzessin von Sachsen Weimar, Hugo Strasser, Petra Schürmann, Roberto Blanco, Leopold und Ursula Prinz und Prinzessin von Bayern, Bürgermeisterin Sabine Csampai, der

ukrainische Generalkonsul Ponomarenko, Irlands Generalkonsulin Liselotte Linnebach und der Münchner Mode-
wochen-Chef Karl-Dieter Demisch.

Und genau da lag mein Grund zur Sorge, durfte ich doch annehmen, daß diese und natürlich die übrigen der achtzig
Gäste in lukullischen Angelegenheiten äußerst verwöhnt
waren, und diesen anspruchsvollen Gaumen galt es nun gerecht zu werden.

Das Hotel Sheraton führt zwar eine bekanntermaßen gute
Küche, ich aber erwartete an diesem Abend eine kulinarische
Meisterleistung. Ob ich die allerdings von der Hotelküche
verlangen durfte, bereitete mir etwas Kopfzerbrechen. Da
hatte ich den rettenden Einfall, auf die Gästeliste Deutsch-
lands berühmteste Sterneköche zu setzen, Heinz Winkler,
Eckhart Witzigmann und Alfons Schuhbeck – und ließ so
ganz nebenbei die Anwesenheit dieser Küchengötter durch-
blicken.

Na, da war die Aufregung auf einmal groß! Das Menü wurde umgestellt, ein emsiges Treiben begann, schließlich mußte das Hotel Sheraton doch dieser Verpflichtung gerecht werden. Und ich darf sagen, die Küche hat an diesem Abend
sämtliche Erwartungen übertroffen. Unter dem Motto »Ein
kulinarischer Spaziergang durch das Burgund« lieferte sie
wahrscheinlich das beste Diner, welches das Sheraton je erlebt hat. Unsere geladenen Starköche waren des Lobes voll
und gaben Standing ovations.

Was niemand wußte – die Vorbereitungen zu diesem glanzvollen Fest standen unter keinem guten Stern. Die Einladungen waren kaum versandt, da wurde Mama von einer so
schrecklichen Schmerzattacke im Rücken heimgesucht, daß
sie sich kaum mehr bewegen konnte, sie saß nur noch in
ihrem Sessel und konnte nicht mehr aufstehen. Wir waren
alle ganz ratlos und glaubten, sie hätte einen Hexenschuß.
Mama selbst aber war am unglücklichsten, da sie nicht wußte, ob sie an dem Fest überhaupt teilnehmen könne und ob
der ganze Aufwand nicht umsonst sei. Wir mobilisierten ein
Heer von Ärzten und Spezialisten, aber selbst diese
Koryphäen konnten nur kurzfristige Linderung verschaffen.
Durch unsere weitreichenden Verbindungen ging die Nachricht von Mamas Befinden bis nach Argentinien, wo sich der
Sitz einer Schmuckfirma, für die ich als Designer beratend
tätig bin, befindet. Der Besitzer dieses Unternehmens kennt
wiederum einen Arzt, der angeblich gute Erfolge mit Ma-
gnetfeldpflastern hat. Über diesen Umweg kam ich also zu
diesen Pflastern mit den Magneten. Erst glaubten wir nicht
so sehr an einen Erfolg, nachdem jedoch kein Arzt Mama zu
einer anhaltenden Besserung ihrer Schmerzen verhelfen
konnte, wollten wir es wenigstens versuchen. Nach einem
bestimmten Schema wurden diese Pflaster Mama also auf
den Rücken geklebt. Und das kaum Faßbare trat ein – einen
Tag danach waren die Schmerzen verschwunden, Mama
konnte sich bewegen und gehen wie seit eh und je!

Wir waren alle unsagbar froh, nicht nur, weil jetzt dem Fest nichts mehr im Wege stand, sondern auch für Mama, die nun in ungetrübter Freude dem Ereignis entgegensehen konnte – es war ein Geschenk aus Gottes Hand. Mama blühte an diesem Abend richtig auf, sie war glücklich, die vielen Gäste und Freunde begrüßen zu dürfen, sich zu unterhalten und wie einst die Conférence zu machen.

Es sollte Mamas letztes großes Fest sein, unbemerkt wurde es zu einem Abschied von den Menschen, die ihr nahestanden und gemeinsam mit ihr ein Stück ihres langen und erfüllten Lebens gegangen sind.

Walter

Im Leben ist es – neben dem Fleiß sowie beruflichem Glück und Erfolg – von großer Bedeutung, zum richtigen Zeitpunkt den richtigen Menschen zu begegnen. Menschen, die nicht nur Bekannte oder oberflächliche Freunde sind, sondern mit denen man sich aus der Tiefe der Seele heraus versteht. Es ist schon ein großes Glück, wenn man die Erfahrung machen darf, einen wahren Freund im Leben kennengelernt zu haben.

Walter ist so ein Mensch, wir haben uns an einem ganz unspektakulären Ort in München kennengelernt. Man kann es Zufall nennen, ich glaube aber eher, daß es für uns eine schicksalhafte Fügung war. Ich war damals noch keine zwanzig, und ich lebte mit Mama inmitten unserer schlimmsten Jahre. Wie ich schon beschrieben habe, waren Freunde plötzlich sehr rar geworden. Mama und ich arbeiteten Tag und Nacht, für Freizeit und Vergnügen standen weder Geld noch Zeit zur Verfügung.

In dieser tristen Zeit traf ich nun auf Walter, einer Seele von Mensch, der einfach durch seine Präsenz eine Wohltat war.

Natürlich war Mama auch für mich da, sie stützte mich mit ihrer Fürsorge und ihrem Optimismus, wo sie nur konnte. Aber es bestand die Gefahr, sich im Kreise zu drehen. Ein außenstehender Mensch wie Walter, mit seiner seelischen und charakterlichen Stärke, war jedoch in der Lage, diesen Kreis zu durchbrechen. Er hat in dieser Zeit viel für uns getan, weniger in finanzieller als in ideeller Hinsicht, wenn es ihm wirtschaftlich auch besser ging als uns. Er nahm Mama und mich mit an den Tegernsee zu »Jaedicke«, am Fasching organisierte er Karten für die Traumkulisse, den damaligen Faschingsball der Münchner Kammerspiele, er freute sich aber auch, einfach nur bei uns in der Schwabinger Wohnung zu sein, die mit wenigen Mitteln, aber viel Phantasie sehr gemütlich und extravagant eingerichtet war.

Dieser Impuls von außen war dringend notwendig, um sich trotz der schier erdrückenden Last der Alltagssorgen über Wasser zu halten und nicht aufzugeben, den Silberstreif am Horizont zumindest zu suchen.

Als es Mama und mir dann besser ging, hat Walter neidlos unseren Aufbau und den einsetzenden Erfolg miterlebt, er selbst machte auch keine unbedeutende Karriere. Trotz der Veränderungen, die ein Leben mit sich bringt, ist diese große Freundschaft bestehengeblieben. Heute noch, auch nach Mamas Tod, kommt Walter ab und zu an einem Sonntag zu mir zum Frühstück, wir sitzen bei tiefgründigen Gesprächen und reden von vergangenen Zeiten. Auch so wertvolle Tage wie Weihnachten verbrachte Walter mit uns und der Familie, deren Personenzahl sich jedoch mit den Jahren reduzierte. Anstelle der verstorbenen Verwandten sind gute Freunde getreten, die das Ambiente in unserem Haus und unsere Gesellschaft zu schätzen wissen.

Auch Heiligabend 1994 verbrachte Walter zusammen mit dem russichen Botschafter Pavel F. Liadow und dessen Gattin bei mir. Draußen lag Schnee, am Christbaum brannten die Kerzen, und bei gutem Essen und schöner Musik erzählte der Botschafter angeregt, wie während der Zarenzeit Weihnachten gefeiert worden war. Es war ein so friedliches und erfüllendes Zusammensein - als ob Mama dabeigewesen wäre.

Weihnachten
gestern und heute

Der Gedanke an Weihnachten ist seit meiner frühesten Kindheit mit den wunderbarsten Erinnerungen verknüpft, wurde doch dieses Fest aller Feste stets mit großem Aufwand und hinter verschlossenen Salontüren vorbereitet, was das Ganze für mich als Kind noch geheimnisvoller und spannender machte. Öffneten sich dann nach schier endlosem Warten die Türen, so erstrahlte der Christbaum unter dem Schimmer von unzähligen Kerzen und Glaskugeln in einem solch überirdischen Licht, daß es mir jedesmal aufs neue die Kehle vor Andacht und Freude zuschnürte.

Ein ganz anderes Weihnachten erlebten Mama und ich in unserer schlimmsten und entbehrungsreichsten Zeit, in der es weder Strom, Gas noch heißes Wasser gab, und in der wir außer unserem eisernen Willen, durchzuhalten, beinahe gar nichts mehr besaßen. In dieser Zeit hatten wir den Gedanken an Weihnachten eigentlich aufgegeben, mußten wir doch mit unserem bißchen Geld das Lebensnotwendigste besorgen; an Geschenke und Kerzen war da nicht zu denken, ge-

schweige denn an einen Christbaum. Da überraschte Mama
mich auf eine Weise, daß ich es bis heute nicht vergessen habe: Sie hatte ihr schönstes Abendkleid aus früheren Zeiten
angelegt, nahm mich beim Arm und führte mich vor die ver-
schlossene Wohnzimmertür. Als sie diese öffnete, war der
Raum dahinter in das Licht unzähliger Kerzen getaucht, die
brennend auf dem Fußboden standen. Ich war so überwältigt
von diesem völlig unerwarteten Anblick, daß es mir noch
heute vorkommt, als wäre es gestern gewesen. Ohne daß ich
etwas davon mitbekam, hatte Mama schon lange vor Weihnachten in den umliegenden Gaststätten die Stummel abge-
brannter Kerzen gesammelt, es müssen weit über einhundert
Stück gewesen sein! So feierten wir damals dann doch Weihnachten, saßen auf Kissen auf dem Fußboden und versuchten trotz der bedrückenden Not diesen unerwartet feierlichen
Abend zu genießen.
Heute erscheint es mir manchmal unglaublich, was wir aus-
gehalten haben, ohne dabei endgültig den Mut oder gar den
Verstand zu verlieren. Aber es war Mama, die so vieles dazu
beigetragen hat, um die Haltung zu bewahren und den Glauben an sich selbst nicht aufzugeben. Unermüdlich war sie
auch in der prekärsten Lage darauf bedacht, einen Schimmer der einstigen guten Zeiten aufflackern zu lassen.
So war zu dieser Zeit an ein festliches Weihnachtsmahl natürlich nicht zu denken. Mama schmückte jedoch den Tisch in
Erinnerung an die üppigen Blumengebinde von einst mit den

Blättern eines Salatkopfes, die, derart zweckentfremdet, trotzdem nicht verloren waren, denn nach dem Fest bereiteten wir daraus selbstverständlich einen Salat zu!

In den letzten Jahren wurde Weihnachten dann wieder wie früher gefeiert. Im Salon und in meinem Arbeitsstudio im ersten Stock werden jedes Jahr zwei raumhohe Christbäume geschmückt, der eine über und über mit bunten Lichtern und Kugeln, wie wir es von Palm Beach her kannten und liebten, der andere als Gegensatz dazu ganz klassisch mit Trauben goldener Kugeln, metallisch schimmernden goldenen Schleifen und wunderschön bemalten barocken Holzengeln.

Die Tafel ist gedeckt mit altem venezianischen Kristall, blauem Meißner Porzellan und altem englischen Tafelsilber. In den hohen Leuchtern brennen Kerzen, und reicher Blumenschmuck, der traditionell aus roten Rosen und goldenen Misteln gesteckt ist, rundet diese Komposition aus den vielen liebevoll gesammelten Teilen ab. Mama meinte beim Anblick dieser festlichen Pracht jedesmal bewegt: »Ein Bild, wie von Boucher gemalt!«

Doch aller Pracht und Herrlichkeit zum Trotz – mein schönstes und anrührendstes Weihnachtsfest war das mit Mama auf dem Fußboden unseres Wohnzimmers, mit nichts als den brennenden Kerzenstummeln und unseren stummen Blicken, die alle Worte überflüssig erscheinen ließen und den Glauben daran ausdrückten, daß eines Tages alles gut sein würde.

Die letzten Wochen
in Mamas Leben

Die Salzburger Festspiele, vor allem unter der Leitung von Herbert von Karajan, waren für uns eine Erfüllung. Die Osterfestspiele mit dem Mozart-, Verdi- oder Brahmsrequiem zählten für uns zu den Höhepunkten, aber auch die Opernpremieren wie der »Maskenball« mit Pavarotti und die im Anschluß daran stattfindenden Gala-Diners im Goldenen Hirschen, wo wir in den letzten Jahren unseren festen Tisch hatten, genossen Mama und ich sehr.

Unvergeßlich sind auch die privaten Einladungen bei Marianne Fürstin zu Sayn-Wittgenstein, wo wir entweder in dem verträumten Garten ihres Jagdschlößchens bei Kaffee und selbstgebackenem Streußelkuchen saßen, oder aber von »Manni« ganz einfach mit Spaghetti bekocht wurden und uns immer wunderbar unterhielten.

Am meisten liebte Mama den Blick von der Terrasse auf den abendlichen Fuschlsee, wenn – beinahe wie in einer kitschigen Bühnenkulisse – der Vollmond über dem See seine Bahn zog, oder wenn im Sommer uns der Salzburger Schnürlregen

einmal nicht beglückte, wir mit Genuß auf dem durchwärm-
ten und nach Sommer und Holz duftenden Steg verweilten,
und sich Mama im weißen Spitzenkleid und einem weißen
Sonnenschirm aus der Jahrhundertwende von den Gästen
fotografieren ließ.

Einmal wurden wir von unserem Freund Arnold Schwarzenegger besucht und verbrachten den ganzen Nachmittag und
Abend zusammen. Der mächtige Arnold mit seinen ausge-
prägten »Wadeln« und die zierliche Mama in lauter Spitze und
mit Schirm – das war schon ein Bild wert!

Wie jedes Jahr im Sommer trafen wir auch 1993 die Vorbereitungen für die Abreise zu den Salzburger Festspielen. Mama war bis zuletzt im Geschäft, das war ihre Welt, wo sie jeden Tag aufs neue die Gespräche mit den Kunden und die
Schönheit der Mode genoß. Sie war dankbar dafür, dies alles
erleben zu dürfen.

Und wie jedes Jahr war es ein hektisches Unterfangen, für
all die anfallenden Festlichkeiten, Einladungen und Empfän-
ge die richtige Garderobe auszusuchen und einzupacken.
Natürlich hatten wir auch dieses Mal wieder viel zu viele Koffer dabei, obwohl wir uns fest vorgenommen hatten, heuer
mit weniger Gepäck zu reisen. Aber es kann so viel Uner-
wartetes eintreffen, wie zum Beispiel vergangene Ostern, wo
wir uns überraschend mit Ihrer Majestät, Königin Sirikit von
Thailand, getroffen hatten. Die Angst, einmal nicht passend
gekleidet zu sein, sowie die Erwartungen, denen wir gerecht

werden mußten, zwangen uns schon beinahe zu diesem Aufwand.

Der Tag der Abreise war gekommen, und unser neuer weißer Rolls-Royce stand vor der Tür, um bepackt zu werden. Nun wußten wir allerdings nicht, daß bei diesem neuen Wagen vor lauter Technik der Kofferraum an Größe eingebüßt hatte, die vielen Koffer waren nicht mehr unterzubringen. Es half alles nichts, unser alter Rolls, der uns schon seit bald fünfundzwanzig Jahren begleitete, mußte nun als Gepäckwagen herhalten, und ab ging die Fahrt nach Salzburg. Die Freude an dieser Reise war jedesmal groß, denn der Aufenthalt in dieser zauberhaften Stadt und in unserem geliebten Hotel Schloß Fuschl gehörte zu den schönsten Momenten in unserem Leben.

Jedes Jahr bezogen wir dieselben Zimmer. Mama wohnte neben ihrem Diener im Parterre, und ich wohnte im ersten Stock.

So oft es unsere gesellschaftlichen Verpflichtungen zuließen, verbrachten wir den Tag bei schönem Wetter auf der idyllischen Holzterrasse, die in den See hinausragte. Ich pflegte mit einem kleinen Boot auf den stillen See hinauszufahren, was mich immer ungemein beruhigte und inspirierte. Doch unvermittelt, an einem dieser ruhigen Tage, überzog sich der Himmel mit dunklen Wolken, eine eigenartig drückende Stimmung senkte sich über den See. In mir machte sich eine Unruhe breit, und ich entschloß mich zur Umkehr. Am Steg angekommen, war die Nervosität schon groß. Mama und unser Diener saßen nicht an ihrem gewohnten Platz, sondern erwarteten mich am Wasser. Mama war plötzlich von großen Schmerzen an der Wirbelsäule und in den Beinen befallen, so daß sie den Weg zu ihrer Sonnenliege nicht mehr schaffte. Sofort fuhren wir ins Schloß und riefen nach dem Arzt. Dieser empfahl uns die sofortige Rückkehr nach München, was wir auch taten. Zu Hause angekommen, erwarteten uns schon unsere Ärzte. Niemand wußte allerdings in diesem Moment, daß das Sterben begonnen und Mama von da an nur noch wenige Tage zu leben hatte.

Der Abschied

Menschen, die die Höhen und Tiefen des Lebens miteinander geteilt haben, die sich lieben und von der Seele her verstehen, sprechen schon einmal über Abschied, Trennung und Tod. So war es der Wunsch von Mama, nicht mit dem Gedanken leben zu müssen, nach dem Tod in der Erde zu versinken, sondern in einem eigens für den Tod eingerichteten Raum »zu schlafen«.

Nachdem ich vor zehn Jahren unser Mausoleum gefunden und renoviert hatte, sagte sie immer: »Unser Totenhaus ist ja so schön und stilvoll, eigentlich werden wir eines Tages nur umziehen.«

Wenn es wirklich ein »Sterben in Schönheit« gibt, dann durfte meine Mama dieses Privileg aus Gottes Hand entgegennehmen. Es ist eine Gnade, bei so wachem Verstand und in Freude an den vielen Würdigungen, die wir beide gerade in den letzten Wochen vor Mamas Tod entgegennehmen durften, aus dem Leben geholt zu werden und nicht die spürbaren Merkmale des Alterns und der Krankheit bis zuletzt erleben zu müssen.

Mamas Wunsch war es immer gewesen, nicht in eine Klinik zu müssen, sondern zu Hause mit der Vorbereitung auf die große Reise beginnen zu können, im Beisein ihres Sohnes und des 17jährigen Yorkshire-Hündchens Jenny den Abschluß des Lebens würdevoll zu gestalten. So erlebte Mama die letzten Stunden beruhigt in meinen Armen, Jenny auf ihrem Schoß, im Kreise der Ärzte und ihres Dieners, gebettet in unseren weißen Salon und mit dem Blick in unseren kleinen Park. Es wurden alle Kerzen im Hause angezündet, und zu ihrer Lieblingsmusik, dem Deutschen Requiem von Brahms, schlief sie am 10. August 1993 um 14.14 Uhr in vollständiger Gelöstheit mit den Worten ein: »Mein Gott, ist das schön!«

Mama war ein Mensch, der stets dem Leben zugewandt war, viel Realitätssinn besaß und sich auch in der Öffentlichkeit mit derselben Natürlichkeit und Bescheidenheit bewegte, wie im privaten Umfeld. Dies wurde mir bei unseren letzten Begegnungen mit anderen Menschen noch einmal besonders deutlich: sei es nun eine private Einladung bei Dr. Friedrich Karl Flick und seiner Frau Ingrid, wo wir bis um sechs Uhr in der Früh bei den tiefgründigsten Gesprächen saßen, sei es kurz vor ihrem Tod bei einem Mittagessen, welches Marianne Fürstin zu Sayn-Wittgenstein nur für uns in ihrem wunderschön bei Fuschl gelegenen Jagdhaus gab, oder dann bei der im Anschluß daran folgenden Eröffnung der Salzburger

Festspiele, wo uns bei unserer Ankunft von Hunderten von Zaungästen zugejubelt und applaudiert wurde. Ein Beweis dafür, daß Mama nicht nur ein Mensch war, der Luxus ausstrahlte, sondern echtes Charisma besaß, der die Menschen bewegte und zum Träumen anregte. Träume von Reichtum, Eleganz und Erfolg, aber auch von Mutterliebe, die viele vielleicht nie erfahren durften.

Sie ist ein Mensch geblieben, den man anfassen konnte, der sich mit dem Sohn um die sozialen Nöte anderer zu kümmern versuchte, und der sich durch die am eigenen Leib erfahrene Not auch in den guten Zeiten das Verständnis für die Nöte der Mitmenschen bewahrt hatte.

Diese facettenreiche Mischung und die mit ihr verbundene Anerkennung von hochstehenden Persönlichkeiten bis hin zum Obdachlosen ist, so glaube ich, ganz selten.

Nach Mamas Tod wurde am Max-Joseph-Platz ein Transparent angebracht, auf dem zu lesen stand: Wir trauern um Else Moshammer, ein Stern der Mitmenschlichkeit ist untergegangen. Unterschrieben hatten die Obdachlosen Münchens.

Auch die Münchner Zeitungen sowie viele Zeitschriften in ganz Deutschland berichteten über Tage hinweg sehr bewegend von dem Ereignis und priesen die Feierlichkeiten der Beisetzung als einen Akt, der einem Staatsbegräbnis gleichgekommen sei.

Am Odeonsplatz und an der Maximilianstraße nahmen Hun-

derte von Menschen Abschied von Mama, als sich der Trau-
erzug mit dem Sarkophag am Tag der Beisetzung von der
Theatinerkirche zu unserem Geschäft bewegte, um in einer
Gedenkminute vor ihm zu verharren.

Die Schleißheimer Schloßpfeifer, die uns seit über zwei Jahr-
zehnten bei allen Festlichkeiten musikalisch begleitet hatten,
ließen es sich nicht nehmen, Mama hier mit gesenkten Fah-
nen und einem leisen Trommelwirbel die letzte Ehre zu er-
weisen.

Ganz besonders hatten Mama und ich in unserem München
immer die Theatinerkirche geliebt. Schon in unserer Notzeit
waren wir oft dorthin gegangen, hatten am Seitenaltar beim
heiligen Thaddäus gestanden und ihn verzweifelt um Hilfe gebeten. Unsere Gebete waren schließlich erhört worden, und
somit stand für mich fest, daß Mama in dieser Kirche auch
ihrem letzten Gottesdienst beiwohnen sollte.

Die Kirche samt dem aufgebahrten Sarkophag wurde am
Vorabend des Trauergottesdienstes in ein Meer aus weißen
Lilien, Callas und Rosen verwandelt, unzählige mit weißen
Blüten   besteckte   Lorbeerbäume   und   Buchsgirlanden
schmückten die Säulen, den Chor und die Bänke.

Um 9.30 Uhr am 16. August 1993 begann der Gottesdienst.
Meine Freundin Lo Sachs holte mich in meinem unbeschreiblich leeren Zuhause ab, und gemeinsam begaben wir
uns auf den schwersten Weg meines Lebens. Mit all der Kraft,
die ein Mensch in solch einem Augenblick braucht, versuch-

te ich, diesen Weg zum endgültigen Abschied von Mama für mich allein zu gehen. Die unendlich vielen Menschen, die gekommen waren, um mich zu begleiten, nahm ich nicht wahr. In der Kirche saß ich ganz für mich auf der vordersten Bank, sie war in schwarzes Tuch gehüllt, der Platz neben mir war symbolisch für Mama freigehalten. In diesem Moment war ich der einsamste Mensch auf Erden.

Das Requiem von Mozart wurde aufgeführt, und zum Schluß erklang, gesungen von einer Opernsängerin, klagend das Ave Verum. Die Sonne zauberte durch die Kirchenfenster Ornamente aus Licht an die Wände, und in dieser unfaßbaren Stimmung überkam mich das Gefühl, als öffnete sich der Himmel. Eine einzige rote Rose legte ich auf Mamas Sarkophag, der in der Fülle weißer Lilienblüten versank, und dann wurde dieser aus der Kirche getragen, um Mamas letzte Fahrt durch die Maximilianstraße zum Mausoleum anzutreten.

Nun ist Mama umgezogen und schläft in einem Gemach, das in ein ewiges Licht getaucht ist. Die Kerzen in den Fackeln an den Wänden und auch an dem gotischen Leuchter am Kopfende des Sarkophages sorgen dafür, daß dieses Licht nie verlöscht. Und an zwei Vortragsstangen links und rechts des Sarkophages hängen die Kranzschärpen mit den letzten Grüßen der engsten Freunde.

Worte der Anteilnahme

Mit Staatsminister a. D. Dr. Peter Gauweiler haben Mama und ich manche schönen Stunden verbracht, mit seiner Herzlichkeit und seinem gepflegten bayerischen Naturell war er uns ein lieber Freund und Gast. Er sandte ein Telegramm mit den Worten:

»Lieber Herr Moshammer – mit dem Tod Ihrer Mutter hat München eine Persönlichkeit mit Würde, Charme und tiefer Menschlichkeit verloren. Sie war eine große Dame. Die Lücke, die sie hinterläßt, wird niemand füllen können.

Ich darf Ihnen zum Tod Ihrer Mutter mein tiefempfundenes Beileid versichern. – In aufrichtiger Anteilnahme, Dr. Gauweiler, Staatsminister.«

Auch der damalige Stadtrat Gerhard Bletschacher schrieb im Namen der CSU München:

»Sehr geehrter Herr Moshammer – mit tiefer Bestürzung haben wir vom Tode Ihrer Frau Mutter gehört. Im Namen der Münchner CSU-Stadtratsfraktion und ganz persönlich möchte ich Ihnen dazu unser tiefempfundenes Beileid aussprechen.

Mit Ihrer Frau Mutter hat unsere Stadt eine der letzten wirk-
lichen ›großen Damen‹ verloren. Mit Humor, Geist und
Warmherzigkeit wirkte sie in der Münchner Gesellschaft. Sie
mußte manche schweren Tage überstehen, was sie aber nur
stärkte und was sicherlich zu ihrer Herzlichkeit und zu ihrer
verständnisvollen Haltung gegenüber den Menschen beitrug.
Sehr geehrter Herr Moshammer, mit Ihrer Frau Mutter ist
eine Persönlichkeit von uns gegangen. Wir wünschen Ihnen
in der nächsten Zeit sehr viel Kraft, um über den schweren
Verlust hinwegzukommen. – Mit tief empfundenem Beileid –
Ihr Gerhard Bletschacher.«

Mit Georg Kronawitter, dem Alt-Oberbürgermeister unserer
Stadt, verbanden uns viele schön Erlebnisse. So ließ er es sich
nicht nehmen, bei unserer Bewirtung bedürftiger Münchner
in meiner »Hundskugel« anwesend zu sein, um die Gäste zu
deren großer Freude mit uns zu begrüßen. Er schrieb mit seiner Gattin:
»Sehr geehrter, lieber Herr Moshammer – nach Rückkehr aus
unserem Wanderurlaub möchten meine Frau und ich Ihnen
zum Tod Ihrer lieben Mamá unser tiefempfundenes Mitgefühl
aussprechen.
Wir möchten Ihnen gerne sagen – was Sie wohl immer gespürt haben – wie sehr wir Ihre liebe Mamá, Frau Else Moshammer, geschätzt haben. Wir haben sie gekannt als eine
sehr charmante, tatkräftige und sozial sensible Münchnerin.

Gerne werden wir ihr ein ehrendes Andenken bewahren. Ihnen aber wünschen wir jetzt viel Kraft und Mut, den schweren Schicksalsschlag, den herben Verlust der von Ihnen so geliebten Mutter mit der Zeit ertragen zu können. – In stiller Anteilnahme, Ihre Kronawitters.«

Unsere Freunde Blacky und Gundel Fuchsberger schrieben sachlich, aber nicht minder herzlich von der anderen Seite der Erde:

»Lieber Rudolph – nach Redaktionssitzungen, Besprechungen mit dem Bundespräsidialamt für Weizsäckers Staatsbesuch hier in Australien, Impfungen und einer Reise um die halbe Welt komme ich nun endlich dazu, Dir unsere aufrichtige Anteilnahme zu Deinem schmerzlichen Verlust auszusprechen. Leider war es uns einfach nicht möglich, am Requiem teilzunehmen, wofür wir Dich um Verständnis bitten.

Nachdem die Nachricht vom Tod Deiner lieben Mutter so plötzlich und unerwartet kam, dürfen wir hoffentlich davon ausgehen, daß ihr ein langer Leidensweg erspart blieb.

Selbst der ›Spiegel‹ hat der Dame Else einen bemerkenswerten Nachruf gewidmet, dem wir gerne zustimmen: München ist um eine liebenswerte Persönlichkeit ärmer geworden. - Mit einem herzlichen Gruß aus Tasmanien – der anderen Seite der Erde – Blacky und Gundel Fuchsberger.«

Mit Coordt von Manstein verbindet uns ein langjähriges Verhältnis; seit vielen Jahren ist er ein treuer Kunde unseres Hauses. Er schrieb:

»Lieber Herr Moshammer – die Nachricht vom Tode Ihrer Frau Mutter hat mich sehr berührt. Ich möchte Ihnen auf diesem Wege ein Zeichen meines Mitgefühls geben, zumal ich in all den Jahren in wenigen, doch kostbaren Gesprächen, eine ganz besondere Hochachtung und Verehrung für Ihre Frau Mutter und auch für Ihr beiderseitiges großartiges Verstehen empfunden habe. Ihr familiäres Miteinander übertrug sich in wohltuender Weise und vorbildhaft auf alle Menschen, die Ihre Gemeinsamkeit erleben durften.

Hierfür Dank zu sagen, ist mir ein Anliegen.

Wenn es auch in einer solch schweren Zeit keinen Trost zu geben scheint, so möchte ich Ihnen dennoch Kraft und Mut zusprechen, Ihr begonnenes Werk, den einzigartigen Stil, den Sie gemeinsam geprägt haben, fortzusetzen. – In Verbundenheit, Ihr C. Manstein.«

Die letzte Begegnung zwischen Mama und Friedrich Karl Flick bleibt mir unvergessen; daß ich damit nicht alleine bin, zeigt dieses Telegramm:

»Lieber Rudolph – die Nachricht vom Heimgang Deiner sehr verehrten Frau Mama hat mich tief erschüttert. Zu diesem schmerzlichen und unersetzlichen Verlust, der Dich betroffen hat, spreche ich Dir, auch im Namen von Ingrid, meine tiefempfundene Anteilnahme aus. Wir denken beide noch sehr gerne an die kürzlichen Begegnungen mit Euch zurück und werden Deiner lieben Frau Mama stets ein ehrendes Gedenken bewahren. – Mit stillem Gruß, Dein Fritz Karl.«

Unsere liebe Freundin, die großartige Gastgeberin und Köchin Marianne Fürstin zu Sayn-Wittgenstein, fand folgende herzliche Worte:
»Lieber Herr Moshammer – meine Gedanken und Gebete werden am Dienstag bei Ihnen und Ihrer lieben, unvergeßlichen Mutter sein! Ich hab noch nie eine so *innige* und liebevolle Bindung von Mutter und Sohn gesehen! Ein Beispiel für uns alle! Danken Sie dem lieben Herrgott, daß Ihre liebe Mutter zu Hause in Ihren Armen sterben durfte – daß sie nicht lange leiden mußte. – Sie wird Sie vom Himmel aus beschützen und immer ganz nahe bei Ihnen sein! (. . .).
In tiefer Anteilnahme – Manni Sayn-Wittgenstein.«

Nur ein gebildeter und feingeistiger Mann mit einer großen Seele wie der Generalkonsul der Niederlande, Jonkheer E. Michiels van Kessenich, konnte folgende Worte zu Papier bringen:
»Sehr geehrter lieber Herr Moshammer – die traurige Nachricht des Ablebens Ihrer lieben Frau Mutter hat uns in Holland erreicht und betrübt. Auf Ihrer Annonce steht: Es ist unfaßbar.

Natürlich sind wir untröstlich und auch wir trauern mit Ihnen mit. Aber ist dieses Ableben für Sie nicht geschehen nach dem Spruch: Je schmerzlicher der Abschied, desto größer die Liebe. Wir sind froh mit Ihnen, daß dieser Abschied so liebevoll gewesen ist, denn die Liebe herrscht über die Trauer und läßt uns weiter leben und hoffen.

Hoffentlich, lieber Herr Moshammer, sehen wir uns bald wieder. Wir denken an Sie und beten mit Ihnen in dieser schweren Stunde, welche über das Grab hinaus eine neue Verbindung und neues Leben schöpft. – Mit liebevollen Grüßen, Eduard von Kessenich.«

Es war einmal ...

Wie gerne erinnere ich mich an die Zeit, als ich noch zur Schule ging. Nie hat Mama es vergessen, mir morgens und nachmittags beim Verlassen des Hauses nachzuwinken. Auch wenn ich nur zum Spielen einen Freund besuchte – Mama stand am Fenster und winkte.

Das hat sich nie geändert, auch nicht, als ich ein Teenager war. Hatte ich mich mit Freunden zu Hause verabredet, um auszugehen, so gab Mama mir gute Ratschläge mit auf den Weg, wie wir sie alle von unseren Müttern kennen: Paß auf dich auf, komm nicht zu spät nach Hause, hast du dich auch warm genug angezogen? – Innerlich diese mütterliche Fürsorge verwünschend, nickte ich geduldig mit dem Kopf und sagte: ja, Mama, aber sicher doch, Mama – und schaute, daß ich fortkam. Und wiederum stand Mama am Fenster und winkte mir nach. Angesichts meiner »Spezln«, die mich begleiteten, war mir das ziemlich unangenehm – wir waren doch jetzt erwachsen!

Jahre später, als wir schon längst unser gemeinsames Haus bewohnten, winkte Mama weiterhin zum Abschied vom Fenster aus, wenn ich ohne sie ins Geschäft oder auf Reisen fuhr. Da hat es mich wieder an meine Kindheit erinnert, und ich war jedesmal gerührt wegen dieser liebevollen Geste. Wie beglückend war es zu spüren, daß man halt immer noch das Kind seiner Mutter ist; wie schön ist es doch, Kind sein zu dürfen und zu erfahren, daß trotz des Erwachsenseins die Gefühle einer Mutter nie versiegen.

Dann kam die Zeit, in der Mama immer öfter zu Hause blieb, weil sie sich mit dem Gehen schwer tat. Trotzdem, den Gang zum Fenster, um mich zu verabschieden, hat sie nie ausgelassen. Da fragte ich mich, wie lange ich wohl Mama noch an diesem Fenster stehen sehen würde – ich spürte auf einmal, wie die Lebensuhr immer vernehmlicher tickte.

Heute ist das Fenster leer, der vertraute Anblick kehrt nie wieder. Und wie oft sehne ich mich nach der Zeit zurück, wo meine Mama Else am Fenster stand und ihrem Jungen zum Abschied zuwinkte.

Nachruf

Am 14. Januar 2005 wurde Rudolph Moshammer grausam getötet. Die Stadt München trauerte um einen ihrer prominentesten und beliebtesten Bürger. Nach einer bewegenden Trauerfeier und einem Trauerzug, den über 15 000 Münchner säumten, wurde er auf dem Ostfriedhof im Mausoleum neben seiner Mutter beigesetzt.

Erich Lejeune hielt die Trauerrede, die wir hier im folgenden abdrucken:

Sehr verehrte Trauergemeinde,

ich kannte Rudolph Moshammer seit über zwanzig Jahren. Lange Zeit war es lediglich eine flüchtige Bekanntschaft. Seit einigen Jahren haben wir uns mehrfach zu ausführlichen Gesprächen – von Unternehmer zu Unternehmer – getroffen.
Daß wir uns gegenseitig zunehmend schätzten, hat seinen Grund in einer Vielzahl von Gemeinsamkeiten. Wir gehörten der gleichen Generation an und sind in den gleichen bedrückenden familiären und sozialen Verhältnissen in München aufgewachsen.
Beide hatten wir den festen Willen, uns aus diesen Verhältnissen mit aller Kraft herauszuarbeiten. Wir waren in gleicher Weise hungrig nach Erfolg und Anerkennung. Obwohl beide ohne höheren Schulabschluß, ist uns dies als Visionäre und Autodidakten auch gelungen.
Beide sahen wir keinen Grund dafür, diese Erfolge und die daraus resultierenden Früchte vor der Öffentlichkeit zu verstecken. Wir standen zu dem, was wir uns durch harte Arbeit geschaffen hatten und zu dem, was wir uns deshalb leisten durften.
Gemein war uns aber auch, unsere Wurzeln und unser Herkom-

men weder zu vergessen, zu verleugnen oder zu verdrängen. Das hat uns geholfen, nie die Bodenhaftung zu verlieren.

Und schließlich hat uns die Überzeugung vereint, daß mit unserem wirtschaftlichen und sozialen Aufstieg die Verpflichtung verbunden ist, denjenigen Bürgerinnen und Bürgern der Stadt, die, aus welchen Gründen auch immer, auf der Schattenseite des Lebens stehen, davon etwas zurückzugeben.

Das hat auch Rudolph Moshammer auf seine Weise, seit vielen Jahren, überzeugend getan.

Die überwältigende Anteilnahme der Münchner Bevölkerung am Tod von Herrn Moshammer hat in vielen Teilen der Republik Staunen, Kopfschütteln, ja auch Unverständnis ausgelöst. »So etwas gibt es nur in München«, hieß es immer wieder.

Diese Einschätzung ist richtig, und sie hat Gründe, auf die ich für München und seine Bürgerinnen und Bürger sehr stolz bin. Ich kenne keine andere Stadt in Deutschland, in der Menschen unabhängig von ihrer Herkunft und ihrer sozialen Stellung in gleicher Weise so harmonisch zusammenleben. Und das gilt eben nicht nur auf der Wiesn oder in den Biergärten.

Der soziale und kulturelle Frieden, dieses Zusammengehörigkeitsgefühl beruht auch auf einem dichten Netzwerk ehrenamtlicher Hilfs- und Beratungseinrichten aller Art, die nicht nur von der Stadt, sondern auch von einer Vielzahl von privaten Spendern großzügig bedacht werden. Und einer ihrer großherzigsten war Rudolph Moshammer.

In ständiger Erinnerung an seine eigene Kindheit und Jugend hat sich Herr Moshammer in besonderer Weise um »Bürger in sozialen Schwierigkeiten« gekümmert, besser bekannt unter der Abkürzung »BISS«, wie die Obdachlosen ihre Zeitschrift nennen.

Rudolph Moshammer war gleichsam ihr Schirmherr, ihr Patron, oder – wie man in Österreich sagen würde: Er hat ihnen mit seinem Namen, seiner Prominenz und Popularität im Wortsinn den Ehrenschutz gegeben. Und dafür sind ihm nicht nur die Betroffenen, sondern die ganze Stadt und ihre Bürgerschaft von Herzen dankbar.

Herr Moshammer suchte und genoß den großen öffentlichen Auftritt, die pompöse Inszenierung. München war sein Zuhause und seine Bühne. Er war ein kluger, feingeistiger Denker und Unternehmer. Er verstand es, im Gespräch zu bleiben bei den Medien, seinen Bewunderern und Kritikern.

Jedoch das stetige Zwinkern seiner Augen bei solchen Anlässen verriet oftmals, daß nur er selbst am besten zwischen der Inszenierung und der Realität zu unterscheiden wußte.

Herr Moshammer führte abseits der Scheinwerfer, Kameras und Mikrofone ein privates Leben, zu dem nur er den Schlüssel hatte und somit selbst engen Vertrauten den Zugang versperrte. Diese Entscheidung wollte er respektiert wissen – und sie wurde respektiert.

Ein solches Leben hat manchmal einen hohen Preis. Es ist tragisch, daß Rudolph Moshammer dafür mit dem Leben hat bezahlen müssen.

Mit Rudolph Moshammer gibt es nun einen weiteren unverwechselbaren Münchner im Himmel. Dort ist er nun mit seiner geliebten Mutter zusammen, die ihm vor einigen Jahren vorausgegangen ist. Auf Erden werden »Mosi« heute viele Tränen nachgeweint. Sie gelten seinem guten Herzen und seiner tiefen Verbundenheit zu seinem geliebten München.

Nehmen wir dankbar Abschied von ihm!

Wir werden ihn alle vermissen!

Ruhe in Frieden, Rudolph.

Erich Lejeune

Trauerfeier und Beisetzung

Rudolph Moshammer

Modeschöpfer

† 14. Januar 2005

Samstag, 22. Januar 2005, um 10.00 Uhr
in der Allerheiligen Hofkirche der Residenz zu München.

Beisetzung anschließend um 12.30 Uhr im Ostfriedhof.